붓다의 길을 따라

불교 인문학 살롱

붓다의 길을 따라

맹난자 외 23인 지음

연암서가

붓다의 길을 따라

2024년 3월 10일 제1판 1쇄 인쇄
2024년 3월 15일 제1판 1쇄 발행

지은이 ｜ 맹난자 외 23인
펴낸이 ｜ 권오상
펴낸곳 ｜ 연암서가

등 록 ｜ 2007년 10월 8일(제396-2007-00107호)
주 소 ｜ 경기도 고양시 일산서구 호수로 896, 402-1101
전 화 ｜ 031-907-3010
팩 스 ｜ 031-912-3012
이메일 ｜ yeonamseoga@naver.com
ISBN 979-11-6087-122-7 03220

값 18,000원

문자 반야를 뗏목으로

왜 인문학인가?

인문학은 인간이 바로 서는 데 기본이 되는 지침(指針)의 학문이다. 인간의 가치와 도덕성이 상실된 지금, 우리는 어떻게 살아야 하는 가? 어떻게 물질주의를 극복하는가? 이 같은 과제를 앞에 두고 문학, 역사, 철학에 기반을 둔 스물네 분의 문자 반야(文字般若)가 모였다.

이 책의 1부에서는 백거이, 잭 케루악, 게리 스나이더, 제롬 데이비드 샐린저, 오노레 드 발자크 등 '불교로 물질주의에 경종을 울린 작가들'이 소개되고, 2부 '붓다와 서양 철학자'에서는 데이비드 흄과 카를 마르크스, 아르투어 쇼펜하우어, 질 들뢰즈, 루트비히 비트겐슈타인의 견해를 경청한다. 3부 '지혜 반야의 길'에서는 역사적인 인물 스즈키 다이세쓰, 향곡선사, 경허스님, 선각자 이탁오와 허균의 발자취를 짚어보고, 4부 '마음에 녹아든 경전의 말씀'에서는 『반야경』,

『화엄경』, 『유마경』, 『승만경』, 『숫타니파타』의 말씀을 듣는다. 5부 '수필로 쓴 나의 구법기'에는 봉인사, 무량사, 부탄 등지에서 체험한 구법기(求法記)를 실었다.

불교가 역사에 등장하는 유일한 실증주의적 종교라고 말한 이는 프리드리히 빌헬름 니체였다. 불교는 고통을 치유하는 하나의 철학, 그 이상의 것을 넘어 의학의 기능을 제공한다. 대승불교의 논사인 용수(龍樹)는 일체법의 자성이 없음을 논증하며, "모든 법은 거짓 이름만 있을 뿐, 일정한 실체가 없다"고 말한다.

연기(緣起)이므로 자성(自性)이 없고, 자성이 없으므로 공(空)이기 때문이다.

일체 유위법이 환영(幻影)인 줄 아는, 그 '환영'을 비트겐슈타인은 "우리를 철학적으로 골목에 몰아넣는 '편견'을 의미한다"며 희론(戲論: 언어의 허구)을 경계했다. 그걸 알면 파리가 갇혀 있던 병에서 빠져나오듯 삶의 질곡에서 벗어난다고 한다.

『반야심경』에서도 오온(五蘊)의 공함을 알면 일체의 고액에서 벗어나듯, 치유의 기능을 제공한다.

모든 사유의 힘은 인문학을 통해 확충된다. 스물네 분의 문자 반야를 한데 묶을 수 있어 보람으로 여긴다. '법'이라 부르는 것조차 하나의 이름일 뿐이지만 우리에겐 아직 뗏목이 필요하기 때문이다.

어려운 상황에서도 기꺼이 출판을 맡아주신 연암서가에 감사하며, 연초에 '불교인문학살롱'의 기획을 같이하고 5월에 타계하신 『현대

불교신문』 김주일 편집국장의 영전에 이 책 한 권을 놓는다. 일 년 동안 연재를 허락해주신 현대불교신문사에도 깊이 감사드린다.

2023년 세모 觀如 맹난자

차례

제1부

불교로 물질주의에
경종을 울린 작가들

1
사나 죽으나 별반 좋을 것도 나쁠 것도 없노라 :
백거이의 삶과 문학 세계

유한근

중국 당나라의 시인 백거이(白居易)는 당송팔대가로 거론되지는 않지만, 두보와 이백과 함께 당을 대표하는 3대 시인 중 한 사람이다. 자는 낙천(樂天)이고, 호는 향사거산(香士居山) 혹은 취음선생(醉吟先生)이라 불린다. 백거이는 29세에 진사 시험에 합격, 35세 때 장안에서 현위 벼슬을 할 때 자신의 대표작이 된「장한가(長恨歌)」로 세상에 이름을 알렸다. 그 후 풍자시「신악부(新樂部)」50수와「진중음(秦中吟)」10수로 이름을 알렸지만, 58세가 되던 해 시와 술과 거문고를 삼우(三友)로 삼아 '취음선생'이란 호를 쓰며 나날을 보내다가 옛친구들이 세상을 떠나자 용문의 여러 절들을 순회하며 지내다가 향산사(香山寺)를 보수 복원하여 '향산거사'라는 호를 쓰게 된다.

이로써 백거이는 유교, 도교 시인으로부터 불교 시인으로 자리매김하게 된다. 『유백창화집(劉白唱和集)』 5권, 『백씨문집(白氏文集)』 67권을 사찰에 봉납하기도 한다. 71세 때에 이르러 형부상서(刑部尙書)로 추증받고 정계를 물러서지만, 백거이는 조종의 불교 탄압 정책을 비판하는 풍자시를 쓰면서 자신의 삶을 마무리한다. 75권에 달하는 전집의 편정(編定)이 그것이다.

그러나 필자가 그의 시를 일별하면서 온전한 불교 시인으로 자리매김하는 데는 다소의 문제가 있음을 알게 되었다. 『백씨장경집(白氏長慶集)』 50권과 『백씨문집』에 정리된 시 2,200수는 문장이 짧고 평이해 누구나 쉽게 접할 수 있는 특징을 지니고 있다는 점에서 우선 주목된다. 그것은 그의 시가 체험을 바탕으로 하여 시인적 상상력을 극대화하기보다는 당대의 현실의 모습을 반영하는 자아 구현의 시와 현실 구현의 시적 경향을 함께 가지고 있다는 점 때문이다. 이백 시의 몽상적이기보다는 두보 시의 리얼리티가 강한 시를 잘 보여주기 때문에 독자들은 쉽게 접근할 수 있는 것이다.

이렇듯 백거이의 시 세계는 그의 삶이 그러했듯이 유교적 세계를 바탕으로 하여 시작되다가 차츰 도교와 불교사상 속으로 들어가는 작품 경향을 보여준다. 백거이가 불교를 모티프로 쓴 초기의 시에서 주목되는 시는 사찰 짓기로 혈안이 되어 백성들의 삶의 터전을 잃게 하는 귀족들을 비판한 시 「양주각(兩朱閣)」이 주목된다.

"절 문에는 임금이 써 준 금빛 글자가 걸려 있고,/비구니 스님의 암자나 절 마당은 마냥 넓기만 하여,/푸른 이끼, 밝은 달이 비쳐 한가롭

기만 하다./하지만 겹겹이 들어서 가난한 사람들의 거처에는 몸 둘
곳조차 없구나."라고 그의 나이 38세에 당대의 세태를 비판하고 있
는 것이 그것이다. 절을 짓기 위해 백성들이 살아야 할 데를 침범하
여 그들을 쫓아내는 벼슬아치와 절 식구들을 비판하는 시를 쓰면서
불교를 모티프로 하는 시를 쓰기 시작했다고 보아야 할 것이다.

그러나 2년 후 백거이는 어린 딸 금란과 모친을 잃는다. 이로 인해
그는 극도로 상심하여 「자각(自覺)」이라는 시를 쓰게 된다. 이 시에서
백거이는 불교에 귀의하려는 의지를 엿보인다.

"나이 40은 아직 늙은이라 못하겠지만,/슬픔에 시달려 벌써 꼴이
못쓰게 되었네/(…)/두려워 말고 슬퍼하지 않음이/노병을 없애는 약
이리라/(…)/나는 들었노라 불교의 가르침에/해탈문이 있다고,/마음
을 명경지수같이 가지고/몸을 뜬구름같이 보고,/띠끌이 묻은 옷을
떨어 버리고,/생과 사의 테두리로 벗어나리라/맹세하리라! 지혜의
물로/번뇌의 먼지를 영원히 씻고,/장차에는 인간적인 은애의 정에
엉켜 걱정과 슬픔의 씨를 뿌리지 않겠노라!"라는 깨달음을 시로 노
래한다.

이 깨달음은 불교가 해탈을 목표로 하는 종교라는 사실이 아니라,
생과 사의 경계를 허물고, 번뇌로부터 벗어나게 하는 힘을 가지고 있
음을 인식하는 계기가 된 시로, 이 시를 정점으로 하여 그의 불교시는
자리매김하기 시작한 것으로 보인다. 이 시에서 그는 인간의 모든 번
뇌를 불교 교리의 핵심인 사성제(四聖諦)로 이해하고, 시인은 그것으로
부터 벗어나기 위해 불교에 귀의하겠다는 마음가짐을 토로한다.

백거이의 초상화

따라서 이 시는 '죽음'이라는 인간의 기본 문제를 딸과 모친의 죽음으로 인해 선험하여 그것의 극복 방안을 유교나 도교의 경전보다는 불교의 중심 교리에서 찾으려 했다는 점에서 주목받을 수밖에 없다.

　이 시에서 우리가 간과할 수 없는 시 창작 방법론적인 측면에서 보면, '자각(自覺)'이라는 제목이 주목된다. 주제를 시의 제목으로 정하는 대표적인 예인 셈이다. '자각'의 사전적 의미는 "현실을 판단하여 자기의 입장이나 능력 따위를 스스로 깨달음"을 말한다.

　또한 이 말의 불교 사전적 의미는 "삼각(三覺)의 하나. 스스로 깨달아 증득(證得)하는 각(覺)을 이른다. 부처의 깨달음을 이른다"는 의미이다. 자각은 세 가지 깨달음의 하나로 스스로 깨닫는 경지이다. 이러한 깨달음은 문학과도 연결된다. 자아 성찰을 통해 깊은 사유를 이르러 작은 깨달음에 갖게 되는 문인들의 창작 태도와 불교 수행 방편의 과정과 목표가 같음을 백거이는 이 「자각」이라는 시를 통해서 보여주고 있는 셈이다.

　「출부귀오려(出府歸吾廬)」는 백거이가 벼슬에서 물러나 한가롭게 지내며 62세에 지은 시이다. "퇴청하여 내 오두막 돌아오니/조용히 편하고 마냥 한가로워라/더욱이 찾아와 만나자는 손 없고/이따금 절에는 중이 병문안 올 뿐/집에는 머슴아이 십여 명이 있고/(…)/몸을 한적하게 지니면 스스로 기품도 고귀하게 될 것이니/어찌 반드시 영화를 누리고 높은 자리에 올라야 할 건가//(…)//오직 부귀의 이름만이 있을 뿐/실재로 부귀는 누리지 못하노라"며 모든 것, 관직이나 부귀영화를 내려놓고 자적하는 시인의 모습을 엿볼 수 있다.

이 시 "이따금 절에는 중이 병문안 올 뿐"에서의 절과 중은 장기근이 편저한 『백낙천』에서는 "태화 6년부터 향산거사라는 호를 지었으며, 이때 내왕한 중은 주로 낙양의 서남쪽 향산사의 중 여만(如滿)"인 것으로 연구되고 있다. 이렇듯 백거이는 사찰과 스님과의 교류를 통해서 시 세계를 확충해나갔던 것으로 보인다. 물론 중국의 통치 구조인 유교와 토착 종교이기도 한 도교사상에 불교사상을 작품 속에 차용하는 문제는 위에서 살펴본 시 「자각」과 「신광(晨光)」에서 불교사상의 현실 극복과 작품 수용의 우수성과 실현 가능성을 높이 칭송하게 된다.

또한 백거이는 70세를 넘기면서 쓴 시 「달재낙천행(達哉樂天行)」에서는 시인 자신의 삶의 모습을 서두 부분에서 요약하여 보여주고, 후반부에서는 득도의 경지, 그 모습을 보여준다. "깨닫고 달통한 백낙천은/낙양에 파견된 지 13년"을 시작으로 해서 시의 서두에서는 유교적인 삶을 살았던 젊은 시절의 모습을 리얼하게 구체적으로 보여준다. 현대시로 보면 리얼리티 시 혹은 이야기 시의 정형을 보여주고 있다고 할 수 있을 것이다.

그리고 "칠순이 되자 이내 벼슬을 사직하고/봉록이 반감되기 이내 벼슬을 사직하고//(…)//지금 내 나이 이미 71세로/눈 어둡고 수염 희고 정신 흐리니/아마도 내 몫 다 쓰지 못하고/아침 이슬보다 빨리 황천에 가리라/허나 죽기 전까지는 더 산다고 나쁠 것도 없으니/허기지면 먹고 즐거우면 마시며 조용히 잠을 자리라/사나 죽으나 별반 좋을 것도 나쁠 것도 없노라/깨닫고 달통했노라 백낙천은 달통했노라!"(장기근 편저, 『백낙천』 참고)라고 곧 닥쳐올 죽음을 초연하게 맞이할 수 있는 노년의 안온한 삶을 노래한다. 이 시의 경우에는 백거이의 투철했던 노장사상이 차용된 시이다. 이 시의 제목 '달재낙천행(達哉樂天行)'이 그것이고, 이 시의 후반부의 "사나 죽으나 별반 좋을 것도 나쁠 것도 없노라"가 그것이다.

그러나 "깨닫고 달통했노라 백낙천은 달통했노라!"라는 마지막 시 구절은 도교와 불교사상을 수용한 노래[行]로 보여진다. 특히 '깨닫다'에 함유하고 있는 의미로 보아서도 그러하고 백거이의 시 「자각」에서의 의미로 보아도, 이 시에서의 "깨닫고"는 '자각'과의 맥락에서 "부처의 깨달음"으로 이해해도 좋을 것이다.

불교와 문학이 만나는 자리를 나는 '깨달음'의 자리로 인식한다. 그 자리로 나아가기 위한 방편은 다를 수 있지만, 그 궁극적인 도달점은 그곳이라는 생각이 그것이다. 여기에서 '깨달음'을 다른 이름으로 지혜라 지칭할 때, 불교와 문학의 접점은 자명해진다. 불교의 깨달음의 길이 여러 길이 있듯이 문학의 경우에도 장르에 따라 그 길이 달라진다. 시의 경우에만 보아도 시의 경향이 다양한 것처럼 고대시의 경우에도 다르다고 할 수 있을 것이다.

백거이 시의 경우에 앞에서도 언급되었지만, 그의 시의 경향은 이백의 활달하고 판타지적인 시의 경우와는 달리 두보 시의 경향에 속하지만, 리얼리티한 현실적인 시 경향에 유·불·선 사상을 수용하고 있다는 점에서 두보와는 변별적인 모습을 보여준다. 그것은 공리성을 중시하는 문학관 때문인 것으로 보인다.

쓸모없음의 문학이 아니라 쓸모 있음의 문학으로써 고단한 삶으로 부터 벗어나는 극복의 방안을 종교사상에 의탁하고 있는 것이 그것 이다. 그런 점에서 백거이는 불교사상을 수용한 것으로 보인다. 삶의 고통을 일탈하기 위한 문예사상으로 불교 미학을 차용한 것으로 보 인다. 이 점이 오늘 우리가 백거이 시를 환기하는 이유이기도 하다.

유한근
『동아일보』 신춘문예에 평론으로 등단하였다. 주요 저서에 『현대 불교문학의 이해』, 『한국수필비평』, 『원 소스 멀티 유스, 문학 이야기』, 『인간, 불교, 문학』, 『한국수필의 전 망과 지표』 등이 있다. 만해불교문학상, 한국문학평론가협회상, 신곡문학상 대상, 여산 문학상, 동국문학상 등을 수상하였다. 디지털서울문화예술대 교수·교무처장 역임하였 으며, 현재는 『인간과문학』 주간으로 있다.

전후 미국의 정신을 바꾼 작가:
잭 케루악과 불교

김호주

영국 역사학자 아놀드 토인비(Arnold J. Toynbee)는 "불교와 서양의 만남은 20세기의 가장 큰 사건"이라고 단언한 바 있다. 최근 들어 서양에서 불교는 일부 지식인층의 지적 호기심 단계를 넘어 대중의 지대한 관심 사항으로 떠오르고 있다. 예를 들어, 일본 선불교(禪佛敎)에 입문한 스티브 잡스(Steve Jobs), '할리우드의 수도승'이라는 별명을 얻은 영화배우 리처드 기어(Richard Gere), 미국인으로 우리나라 숭산스님의 제자가 된 현각스님 그리고 달라이 라마의 노벨 평화상 수상 등은 현대 서양 사회에서 불교의 바람이 얼마나 거세게 불고 있는가를 단적으로 보여주는 사례들이다.

최근 국내에서 영미 작가와 불교의 접점 모색은 주로 19세기 영국의 시인 윌리엄 워즈워스(William Wordsworth)와 새뮤얼 테일러 콜리지(Samuel Taylor Coleridge), 19세기 영국의 소설가 토머스 하디(Thomas Hardy), 그리고 20세기 들어 미국 시인 에즈라 파운드(Ezra Pound), 영국 시인 윌리엄 버틀러 예이츠(William Butler Yeats)와 T. S. 엘리엇(Thomas Sterns Eliot) 등을 통하여 이루어지고 있다.

필자는 국내에서는 아직도 다소 연구가 덜된 미국의 1950년대 소위 '비트 세대(beat generation)'를 대표하는 작가 잭 케루악(Jack Kerouac, 1922~1969)과 불교의 접점에 대하여 살펴보고자 한다. 이를 위하여 먼저 1950년대 비트 세대의 특징을 간략히 살펴보면서 비트 세대를 대표하는 작가 케루악과 그의 대표 작품을 불교와 관련지어 해석해 보고자 한다.

1950년대 미국의 소설가이자 시인인 잭 케루악은 비트 세대의 대표적인 작가이다. 그는 1922년 미국 매사추세츠주 로웰(Lowell)에서 태어났다. 1940년 컬럼비아대학교에 입학했지만, 미식축구 코치와 언쟁을 벌인 끝에 대학교를 중퇴했다. 학업은 중단하였지만 이때부터 그의 야망은 미국에서 가장 위대한 작가가 되는 것이었다. 이후 갖가지 직업을 전전하면서 훗날 비트 세대의 핵심을 이루는 닐 캐시디(Neal Cassady), 앨런 긴즈버그(Allen Ginsburg), 윌리엄 버로스(William S. Burroughs) 그리고 루시엔 카(Lucien Carr) 등을 만났다. 1942년 상선 선원이 되었으며, 2차 세계대전이 일어나자 해군에 잠시 입대하였다. 1950년 전후 미국 젊은 세대를 주제로 하여 쓴 첫 소설 『마을과 도시(*The Town and the City*)』를 발표했다. 그의 작품은 대체로 가톨릭 영성,

재즈, 여행, 불교 및 마약과 같은 주제들을 다루고 있다.

　케루악은 종전 후 미국 전역을 여행하기를 좋아했다. 그는 이때 작가 캐시디, 긴즈버그 그리고 버로스 등과 함께 미국 서부와 멕시코를 도보로 여행한다. 이때의 체험을 바탕으로 쓴『길 위에서(On the Road)』가 1957년 출간되자 당시 젊은이들의 열광적인 반응을 불러일으켜 케루악은 소위 '비트 세대'를 주도하는 작가로 부상한다.

　형식에 구애받지 않은 그의 '즉흥적인 산문(spontaneous prose)' 스타일과 거침없이 역동하는 재즈와 맘보의 리듬으로 가득한 이 작품은 이후 문학과 문화 전반에 큰 영향을 미쳤다. 그 후 소설과 시집을 포함하여 총 16권의 작품이 출간되었으며, 그중에서도『달마 행자들(The Dharma Bums)』(1958),『지하 사람들(The Subterraneans)』(1958),『빅서(Big Sur)』(1962), 그리고『제라드의 비전(Visions of Gerard)』(1963) 등이 그의 중요 작품으로 간주된다.

　1950년대 미국의 소위 비트 세대 작가들은 기계화, 실증주의 및 정신적 소외에 반기를 들었다. 기계화는 과학적 진보와 군사적 승리뿐만 아니라 지식 계급이 일반 대중과 거리를 두게 하며, 다수 개인이 무시되고, 또한 위험한 사회 정치적 계층화를 가속화시켰다. 비트들은 이러한 시대적 분위기에 대한 정신적 대안으로서 동양사상, 특히 불교의 선종사상(禪宗思想)에 관심을 가지면서 비트 운동을 전개한다. 비트 운동의 촉매가 되는 선불교는 1950년대 비트 세대의 일시적 유행일 뿐만 아니라 훨씬 더 광범위한 비트 문화 형성에 영향을 미친다. 이리하여 선불교는 미국 사회와 미국 문학에 새롭고 유용한

잭 케루악

관점을 제공한다.

1960년대의 소위 미국의 반문화(counter culture) 운동도 동양으로 눈을 돌렸으며, 동양으로부터 내면의 체험에서 우러나오는 정신적인 가치, 자아의 발견 및 우주와의 교감 등을 차용하고자 했다. 초기에 마약 등을 통해 자신들이 속해 있는 문화에서 도피하고자 했던 히피족 젊은이들 중에는 이처럼 동양으로 시선을 돌려 명상을 통해 새로운 인식상태에 도달한 사람들이 적지 않았다. 처음 소수 특권층에서 시작된 이 같은 움직임은 점차 상류 중산층으로 확산되었으며, 특히 1970년대 경제위기를 전후로 젊은 세대 전체로 퍼져나갔다.

미국에서 선불교에 대한 관심의 증대는 1950년대에 시작되었고, 스즈키 다이세쓰 박사와 앨런 와츠(Alan Watts)의 업적으로 거슬러 올라갈 수 있다. 두 사람은 선의 기본적 교의를 간단하게, 실제적으로 그리고 재미있게 설명함으로써 대중의 관심을 끌 수 있었다. 스즈키는 컬럼비아대학의 교수가 되었으며, 1953년에 『선불교 입문(Introduction to Zen Buddhism)』과 1956년에 『선불교(Zen Buddhism)』라는 영향력 있는 두 권의 책을 출판했다. 와츠는 1957년에 유명한 책 『선의 길(The Way of Zen)』을 출판했다.

케루악의 불교에 대한 관심은 1953년 10월에 나타났다. 케루악은 그 당시 뉴욕에서 헨리 데이비드 소로(Henry David Thoreau)의 『월든(Walden)』에 나타난 생활방식을 숙고하다가 부처의 삶에 관한 책을 우연히 접하게 되었다. 이때부터 그는 차를 마시고, 독서를 통해서 불교를 공부하여 『금강경』을 영어로 번역하기까지 하였다. 그는 자신의 방식으로 좌선을 익히기 시작하였으며, 불교 공부의 결과물을 자신의 글쓰기에 활용하기도 했다.

케루악의 작품에 융합되어 있는 핵심 불교사상은 초기 경전에 있는 근본 불교의 사성제(四聖諦), 『반야심경』과 『금강경』의 핵심 사상인 공사상(空思想), 모든 것은 부처의 현신이라는 화엄사상(華嚴思想) 그리고 정토사상(淨土思想)을 바탕으로 하였으나, 그 큰 흐름은 선불교이다.

먼저 그의 대표 소설이자 초기 소설인 『길 위에서』는 이미 근본 불교사상과 미국식 선, 즉 비트 선이 소개되어 전개되고 있으며, 일체개고(一切皆苦) 등 『아함경』 내용이 곳곳에 산재해 있다. 이 책 속의 화자이자 주인공인 샐베이션 패러다이스(Salvation Paradise)는 네 번의 여행을 통하여 현대인의 방황과 고독에서 근원적 본성을 찾고자 자신의 정체성을 탐색한다. 샐(Sal)과 딘 모리아티(Dean Moriarty)는 소설의 중요한 주제 중의 하나인 '그것(IT)'을 추구하면서 황홀경과 슬픔, 공의 인식 그리고 일체개고를 느낀다. 이것이 선불교와 동양적 영성과 연관되는 점이다. '그것'의 추구는 비트 선의 초기 발아 단계이며, 선의 미국식 추구이다. 『길 위에서』는 불교의 깨달음에 대한 탐색이 시작되는 소설이라 할 수 있다.

『제라드의 비전』에서는 삼법인(三法印)과 사성제의 인식 등과 같은 근본 불교사상이 원용되고 있으며, 죽음에 대한 가톨릭과 불교의 이미지가 공존하며, 동양과 서양의 세계관이 통합되며, 대승불교사상의 하나인 정토사상이 구현되고 있다. 작가 잭 케루악의 형 제라드

케루악의 죽음의 의미를 불교적으로 탐색하는 이 소설에서 제라드는 물질세계가 무상하다고 인식한다. 이것은 불교의 삼법인의 하나인 제행무상(諸行無常)을 인식하는 것이다.

인생의 고통 가운데 가장 큰 고통이 죽음이다. 이 소설 전체가 제라드의 죽음을 다루고 있으며, 제라드는 추운 날 밤에 짐수레를 끄는 노인에게서 인간의 고통을 느낀다. 이것은 불교의 사성제 가운데 고제(苦諦)에 대한 인식이다. 제라드의 비전은 성자, 형제애, 상실의 고통, 개인과 공동체의 슬픔 그리고 궁극적 실재로 확대되었다. 제라드의 극심한 고통은 그 자체로 존재이며 축복이다. 특히 다라니 기도에서 자아와 세계는 둘로 나뉘지 않는다. 세계의 존재는 있는 그대로 축복이며, 그것을 알아차리는 마음은 그 자체로 자비이다.

그의 『달마 행자들』에서는 근본 불교사상과 더불어 공사상 및 선사상이 드러나고 있다. 이 소설이 처음 출판되었을 때 당시 기존의 잡지들은 케루악의 선불교의 관심을 과소평가했다. 화자이자 주인공 레이 스미스(Ray Smith)는 삶이 고통이라는 근본 불교사상을 이해하고, 친구이자 스승인 재피 라이더(Japhy Ryder)를 만나 동서양의 만남을 대화하고, 레이는 재피와 선수행과 선문답을 통하여 선불교의 핵심 사상인 공사상, 즉 색즉시공(色卽是空) 공즉시색(空卽是色)을 깨닫고 자신이 본래 부처임을 자각한다. 이 과정에서 레이는 1950년대 미국 사회의 물질주의와 순응주의를 비판하며 배낭 혁명과 종교적 비전이라는 대안을 제시한다.

1950년대의 미국 불교는 미국 사람들이 사는 풍경과 문화를 변형해 왔고, 아직도 변형하고 있다. 비트들은 그들이 추구하고 습득했던 불교를 통해서 미국 사회에 중요한 문화적 유산뿐만 아니라 정신적 유산도 함께 남겼다고 할 수 있다. 케루악은 이 과정에서 적지 않은 역할을 했다. 그러한 시도의 흔적이 최초로 나타난 작품이 『길 위에서』이며, 이러한 시도가 『제라드의 비전』으로 연결되며, 『달마 행자들』에서 그것이 꽃을 피운다고 할 수 있다. 그는 미국 선이 토착화되는 과정에서 세 작품을 통하여 많은 사람들에게 선이라는 모티프를 제공하여 미국 선을 대중화한 작가이다. 이것은 마치 보리 달마 대사가 중국 선의 초조(初祖)가 되어 육조 혜능대사에 와서 중국 선이 완성되듯이, 스즈키 다이세쓰 박사가 미국 선에 이론을 제공하여 케루악이나 게리 스나이더(Gary Snyder)를 통해 미국 선이 대중화되는 기폭제가 되었다고 할 수 있다. 그리하여 미국 선불교는 일본의 정통적 선(禪)에서 1950년대 비트 선, 1960년대의 히피 선, 1970년대의 뉴에이지 선 그리고 1980년대의 사이버펑크 선으로 연결된다고 하겠다.

21세기를 일컬어 영성의 시대라고 한다. 오늘날 미국 사회에는 명상이 정치, 경제, 미디어계와 대중문화 분야 등 엘리트 계층을 넘어 일반 대중들에게까지 널리 퍼져 있다. 재가불자 중심인 미국 불교가 어떤 방향으로 발전할지는 아무도 모르지만, 적어도 미국 사회와 미국 문화의 토양에 맞는 새로운 미국 불교로 발전할 것임은 분명하다. 이러한 새로운 미국 불교의 발전에 케루악을 비롯한 1950년대의 비트 세대 작가들이 선불교의 대중화라는 기초를 마련했다고 할 수 있다. 이것이 비트 세대를 대표하는 작가 케루악이 미국 문학, 미국 불교 역사, 미국 사회, 나아가 미국 문화에 크게 기여한 점이 될 것이다.

김호주

부산대학교 영어영문학과를 졸업하고, 같은 대학 대학원 영어영문학과에서 문학박사 학위를 받았다. 해운대고등학교 교사로 재직했으며, 창원 성민여고 교장을 지냈다.

3

시어로 녹여낸 선禪과 생태주의:
게리 스나이더와 불교

정약수

　서구 문인들 중에서 동양의 불교에 대해 관심을 가졌던 이를 찾아보는 것은 그리 어려운 일이 아니다. 그러나 현대 미국 시인 게리 스나이더(Gary Snyder, 1930~)만큼 그 관심이 실제 행동과 실천을 통해서 적극적으로 나타났던 이를 찾는 것은 결코 쉬운 일이 아닐 것이다.

　게리 스나이더는 1930년 미국 서부 태평양 연안에 면한 캘리포니아주 샌프란시스코에서 태어났다. 하지만, 그의 가족이 곧 보다 더 북서부에 있는 워싱턴주와 오리건주로 계속 옮겨 다님으로써 그도 젊은 시절 가족을 따라 함께 옮겨 다니게 되었다. 그는 미국 북서부 지역의 험난한 자연환경과 접하면서 점차 거기에 적응 매료되어 갔다. 고등학생 시절 그는 그 지역 한 등산 클럽에 가입함으로써 태평

게리 스나이더

양 연안 북서부 지역의 설봉들을 오르는 것으로부터 시작하여 이후 그의 등산 경력은 평생 동안 이어졌다.

또한 그가 1947년 오리건주 포틀랜드에 있는 리드대학(Reed College)에서 대학 생활을 처음 시작했을 때부터 중국 한시(漢詩)와 일본시 하이쿠(俳句) 그리고 불교와 같은 동양 문화에 접하는 기회를 갖게 되었다. 그로부터 동양 문화에 대한 그의 지속적인 접촉과 관심은 그 후로도 꾸준히 이어졌는데, 그가 캘리포니아주 버클리대학 대학원에서 동아시아학 연구를 통해서 중국어와 일본어를 공부하는 기회를 가졌던 것도 그러한 그의 관심의 발로에서 나온 선택이었다. 그 시절 그는 중국 당대(唐代)의 시인 한산(寒山)의 시를 번역하기도 했고, 1950년대 미국 비트 세대의 대표자들인 잭 케루악(Jack Kerouac)과 앨런 긴즈버그(Allen Ginsberg) 등을 만나 그들과 교류하기도 했다.

1956년 그는 결국 화물선을 타고 일본으로 건너가 교토의 선불교 사원 쇼코쿠지(相國寺)에서 생활하며 미우라 이슈의 지도로 참선 수련을 수행한다. 하지만 당시 아직 20대 중반의 팔팔한 젊은 청년이었던 그가 참선 수련에만 빠져 있기에는 그의 넘치는 열정과 에너지를 주체하기가 어려웠던 모양이다. 스나이더는 그해 일본 등반가들과 어울려 일본의 북부 산맥들을 등반하기도 하고, 다음 해엔 요코하마에서 한 상선에 승선, 기관실 엔진 청소부로 일하면서 페르시아만을 거쳐 이탈리아, 시칠리아, 터키, 오키나와, 괌, 스리랑카, 사모아, 하와이 등을 두루 돌아다니다가, 1958년 4월 상 페드로에서 하선(下船), 결국 샌프란시스코로 돌아오게 된다.

그러나 그는 1959년 다시 일본 교토로 되돌아가 다이토쿠지(大德寺)의 승원에서 오다 세소의 지도로 참선 수련에 다시 몰입한다. 그러면서 그해에 첫 시집 『쇄석(Riprap)』을 교토에서 출간하고, 이어서 다음 해에도 시집 『신화와 텍스트(Myths and Texts)』를 출간한다. 1961~62년 사이 그의 자연과 불교에 대한 관심은 더욱 확대되어 인도로 가는 보트 여행에 나서서 스리랑카와 인도, 네팔, 티베트 등지까지 여행하면서 달라이 라마를 예방하기도 한다.

그 후에도 그는 주로 미국 서해안 지역과 일본을 오가면서 한때 잠시 모교인 버클리대학에서 영시를 강의하며 시작(詩作)을 계속하기도 했고, 기회 있을 때마다 선 수련과 등산 여행을 병행했다. 1964년에는 시에라 산맥 북부 설빙 지역을 배낭여행하고, 1967년에는 다시 다이토쿠지(大德寺)에서 참선 수련에 몰입한다. 그는 일본 시인 나나오 사카키의 안내로 규슈 서해안의 작은 섬 수와노세에서 자연 친화적 공동체 생활에 합류하고, 1969년에는 미국 전역의 환경운동가들을 방문하며 생태운동에 헌신하기도 한다. 이때 샌프란시스코의 야생생태학회에서 『곰 스모키 경전(Smokey the Bear Sutra)』을 배포하여 현대 문명의 반자연적·반생태적 양상에 커다란 경각심을 불러일으키기도 한다. 미국 전역으로 퍼져나간 이 경전은 오래전부터 곰의 모습으로 현현해오던 부처의 말씀을 통하여 생태계를 보존하고, 인간과 자연이 조화롭게 상생할 수 있는 삶의 방식을 모색한다.

1970년 스나이더는 시에라네바다 산맥의 발치에 있는 산후안 리지(San Juan Ridge)에 직접 집을 지어 정착하고, 그해 시집 『파도를 바라보며(*Looking at the Waves*)』를 출간한다. 이 지역 주민들과 더불어 추진한 새로운 삶의 양식에 대한 모색과 실천, 1972년에 행한 일본 홋카이도의 야생생태 탐사작업, 1974년 시집 『거북섬(*Turtle Island*)』 발간, 1975년 시집 『거북섬』으로 퓰리처상 수상, 80년대의 중국 방문, 90년대의 라다크 마을 여행과 동굴 벽화 연구 등 그의 활동은 지구상에 있는 인간의 존재 방식을 끊임없이 탐사하며, 자연과 더불어 살아가는 삶의 가능한 방식을 모색하는 일에 연관되고 있다.

　미국 문인 가운데서도 스나이더의 이러한 독특한 인생 행로는 시인으로서 그의 시의 방향과 특징을 결정 짓는 요인이 된다. 그의 시의 방향과 특징은 그가 삼림 감시원이나 산악 가이드 등을 통해서 얻은 실제적인 경험과 동양사상, 특히 선불교적 명상을 통해서 얻은 깨달음을 기반으로 하고 있다. 그는 특히 일본에서의 오랜 체류 기간을 통해서 얻은 선불교에 대한 실천적, 이론적 공부를 통해서 자연과 문명에 대한 새로운 접근 방법을 모색하게 되었고, 그런 과정에서 현대 서구 문명에 대한 비판적인 시각을 더욱 진지하게 정립할 수 있었다. 그에게 있어서 생태주의는 선불교 사상이 토대가 되었고, 그 둘은 서로 떼려야 뗄 수 없는 관계가 되었다. 또한 그의 작품이 이루는 시 형식은 중국의 한시와 일본시 하이쿠 등의 영향을 많이 받았고, 사상적으로도 동양의 선불교 가르침에서 많은 영향을 받았다. 그의 시에 나타난 이러한 이국적인 요소들은 그의 시에 새로운 활력을 불어넣음으로써 미국 문학계에 신선한 충격을 주었다.

　이와 같이 스나이더는 그의 생태주의와 선불교 사상을 결합해서 다양한 시적 이미지로 표현하는 작업을 계속해왔다. 그러므로 그의 시는 진정한 전이(轉移)의 시로서 동양과 서양의 가장 유익한 예술과 철학을 흡수하고 통합하려는 시도로 볼 수 있으며, 그의 이러한 방식은 후세의 시인들에게 새로운 길을 열어주는 새로운 시작이라고 볼 수 있을 것이다. 그가 제시하는 이미지 중에서 그의 시론을 가장 잘 표현하는 것은 '쇄석(碎石)'이라고 볼 수 있는데, '쇄석'은 산에서 말이 다니기에 좋은 길을 만들기 위해서 미끄러운 바위 위에 놓는 자갈을 가리킨다. 그의 첫 시집의 제목이 『쇄석(Riprap)』이며, 그 시집에 담긴 시들은 미국 북서부 지역의 거친 삼림지대를 소재로 하면서, 그 표현 방식은 선불교의 직관적인 표현과 깨달음을 위한 수련 방식을 사용한다. 그는 시를 정의하면서 쇄석의 이미지를 사용하여 "시는 형이 상학의 미끄러운 바위 위에 놓이는 쇄석"이라고 표현한 바가 있다. 그는 바위를 부수어서 쇄석을 만들어 미끄러운 산길을 가는 말을 도 와주듯이 시를 통해서 생태주의와 선불교 사상이란 추상적인 관념을 시의 구체적인 언어를 사용하여 그의 독자들을 보다 쉽게 이해시키고자 했던 것이다.

너의 마음 앞에 놓여 있는
이 말들을 돌처럼 깔아라.
단단하게, 손으로
잘 고른 장소에,
공간과 시간 속

마음의 몸 앞에 놓아라.

단단한 나무껍질, 잎, 혹은 벽

사물의 쇄석 : (No Nature 43)

Lay down these words

Before your mind like rocks.

Placed solid, by hands

In choice of place, set

Before the body of the mind

in space and time :

Solidity of bark, leaf, or wall

riprap of things : (No Nature 43)

  이 시의 시작되는 두 행은 아마도 시인 자신이 시를 쓰는 방식을 설명하는 것으로 보인다. 마음은 결코 말로 쉽게 표현될 수 없는 것이다. 선불교에서는 이를 불립문자(不立文字)라고 하는데, 이는 진정한 마음의 깨달음은 마음에서 마음으로 전해지는 이심전심(以心傳心)이므로 따로 문자를 세워서 표현할 수 없다는 것이다. 그러나 시인의 입장은 선불교적 깨달음과는 다르다. 왜냐하면 시인의 존재 의미는 언어를 통한 사상과 감정의 소통이기 때문이다. 따라서 스나이더는 마음 앞의 말들을 마음을 연결시킬 수 있는 쇄석으로 만들어야만 하는 의무로서 시를 쓴다. 마음의 몸 앞에 그것을 놓으라는 계속되는 요구는 시가 마음을 표현하는 몸이라는 뜻을 지닌다. 그래서 그렇게 표현된 시는 나무껍질처럼, 나뭇잎처럼, 벽처럼 단단하고 구체적이어서 사물들의 쇄석의 역할을 한다.

스나이더는 생태주의 활동과 연구를 통해서 인간의 이기심과 욕망에 의한 자연 파괴의 위험을 인식하면서 그것에 대한 경고의 메시지를 취하게 되었고, 구체적인 이미지를 통해서 시로 표현하게 되었다. 또한 그의 선불교 수련과 활동은 추상적인 사상이나 논리적 사고방식을 불신함으로써 이를 더욱 압축적이고 비논리적인 또는 논리를 초월한 시학 이론을 펼쳤던 것이다.

이러한 비논리적인 표현 방식은 선불교에서 공안(公案), 고칙(古則), 화두(話頭)라고 하는 것으로서, 참선 수행자가 궁구하는 문제를 뜻한다. 선불교인들은 공안을 통해서 언어로 표현할 수 없는 마음의 깨달음을 나타내고자 한다. 그리하여 스나이더는 생태주의와 선불교적 상상력을 통해서 그의 깨달음을 표현하고자 했으며, 그 결과물인 그의 시가 환경 파괴와 오염으로 혼탁해진 현대 사회에 한 줄기 섬광의 빛이 될 수 있는 소이(所以)인 것이다.

정약수

1979년부터 2009년까지 부산대학교 영어영문학과 교수로 재직하고, 2010년 명예교수로 추대됐다. 2006년 계간『수필춘추』를 통해 수필가로 등단했다. 새한영어영문학회장, 수필부산문학회장, 부산문인협회 자문위원 등을 역임하였고, 현재 부산대학교 평생교육원 효원수필아카데미 주임교수로 활동하고 있다.

4

물질주의에 경종을 울리다:
샐린저와 선禪적인 깨우침

박양근

1940년대 미국 소설에 제롬 데이비드 샐린저(Jerome David Salinger, 1919~2010)라는 특이한 작가가 있다. 그는 제2차 세계대전 후 지구촌을 휩쓴 상실과 부조리, 히피와 탈이데올로기 시대에 『호밀밭의 파수꾼』이라는 단 한 권의 장편소설로 영문학의 총아가 되었다. 어니스트 헤밍웨이와 윌리엄 포크너가 일으킨 현대문학의 광풍이 소진된 공백기에 그의 출현은 불가피한 시대적 단면이었다.

샐린저는 작품에 못지않게 그의 인생론과 개인 생활이 더 많은 관심을 끈다. 그는 개인 생활의 노출을 극도로 싫어했으며, 미국 문학이 지니는 하급층과 대중성을 바탕으로 종교적 분위기를 지닌 작품을 발표하여 기성 미국 사회에 충격을 던졌다.

2차 세계대전 후 미국은 모더니즘의 급변기에 접어들었다. 유대인과 흑인 등 소수인종 문화의 등장, 페미니즘과 생태주의 인식, 반전운동과 탈식민주의라는 조류는 질서와 전통을 존중하던 기존 문학에 반성적 성찰을 요구하였다. 미국은 더 이상 유럽형 문학을 고수할 수 없었다. 새롭게 인식할 세상이 필요하고 신비적으로만 여긴 동양사상과 선(禪)적인 생활에 관심을 기울이게 되었다. 동양적인 인간 존재의 문제를 서구 문명사회에 이식하여 소설화한 것이 샐린저의 문학적 특성이라 하겠다.

샐린저는 전기적 사실에서 남다른 이력을 보여준다. 사업가인 유대인 아버지와 기독교 신자인 어머니 사이에서 외아들로 태어났다. 물질적으로는 여유가 있었지만, 정신적으로 불안한 어린 시절을 보낸 그는 명문 학교에 입학하였지만 한 학기 만에 퇴학당하고 펜실베이니아 밸리 포즈 사관형 고등학교에 진학하였지만 역시 엄격한 규율에 적응하지 못하였다. 학창 시절에 드라마에 소질을 보여 배우가 되고 싶었으나 사업가가 되기를 바랐던 부모에 의하여 좌절당했다. 다행히 맨해튼에 있는 컬럼비아대학에 입학하여 문학에 관심을 가지면서 작가로서 활동하고 정상적인 생활을 시작하였다. 그동안 아버지의 권유로 도살장에 취업하지만, 생명을 죽이는 모습에 혐오감을 느끼고 2차 세계대전 동안 종군기자로 참가하여 사람의 살이 타는 냄새를 맡지 않겠다는 결심을 한다. 이 트라우마는 후일 그가 채식주의자가 되고 불교사상을 바탕으로 한 작품 세계를 구축한 동기가 된다. 나아가 시골 지방에 칩거한 그만의 고립 생활은 2010년 죽

J. D. 샐린저

을 때까지 계속되었다.

샐린저는 처음 단편 작가로 등장할 때 "찰나적인 영감으로 썼다"고 회상한다. 2차 세계대전이 끝난 후 실비아 웰트와 결혼하였으나 이내 별거하였고, 이후의 세 차례 결혼도 그의 삶에 직접적인 영향을 끼치지 못하였다. 대신에 동양 종교와 사상이 그의 삶과 문학의 주춧돌로서 절대적인 영향을 끼쳤다. 1940년 후반부에 선불교의 열렬한 신자가 되었고, 1952년 이후에는 힌두교에 심취하였으며, 그 후에도 종파적 관심은 수시로 달라 1955년 이후에는 한동안 미국에 있는 힌두사원에 거주하며 참선 생활을 하였다. 하지만 그의 선 수련은 그치지 않아 자신의 신앙적 이론을 「테디」라는 단편을 통해 발표하기도 하였다. 샐린저는 1967년 뉴햄프셔주 시골 클라리 와이온으로 이주한 후 가족이 사는 집과 마주하는 길 건너편 코로니스 301 랩 로드에 집을 따로 짓고 죽을 때까지 그곳에 거주하였다.

『호밀밭의 파수꾼』(1951)을 위시한 그의 장단편 대부분은 1940년대 후반부터 1950년 중반까지 약 10년간에 걸쳐 집필되었다. 이 시기는 샐린저가 서구형의 세속적인 욕망과 동양의 경건하고 종교적인 삶 사이에서 방황하던 때와 일치한다. 『호밀밭의 파수꾼』의 주인공 홀든은 그 당시 샐린저의 분신이라고 할 만하다. 그 후에는 소설(시와 드라마를 쓰기도 함)보다는 종교적 삶에 전념하였다. 그는 태생적으로 완벽주의적이고 선악의 이분(二分)이 분명했다. 소설의 익명성에 자신을 담았던 후반기에는 "선사상에 심취하여 명상과 글쓰기를 동등한 것으로 여겼고, 자아를 떨쳐내려고 노력했다"는 심중의 고백처럼 결국 초연한 삶을 택하였다.

샐린저의 심적 세계와 종교적 자애심을 대변하는 홀든 콜필드는 16세의 펜시고등학교 학생이다. 작가처럼 성적 부진으로 세 차례 퇴학당한 그는 3일 반 동안 뉴욕 도시를 돌아다니면서 갖가지 경험을 한다. 뉴욕은 가식과 거짓과 타락이 만연한 기성 사회였다. 타락한 자본주의 문명이 판을 치는 현대판 소돔과 고모라라고 할까. 그는 피카레스크적인 주인공으로 어른의 행동을 흉내 내면서 생의 모험을 이어간다. 작별 인사를 하러 스펜서 선생 집을 찾아가고 기숙사에 돌아와 룸메이트 워드와 여자를 사이에 두고 싸우고 충동적으로 짐을 싸 그날 밤 뉴욕으로 향한다. 퇴학 통지가 집으로 우송되기 전에 술 담배를 하고 옛 여자 친구와 데이트를 하고 옛 친구와 만나고 호텔에서 여자와 자려다 15달러를 갈취당한다. 수녀를 만나 10달러를 기부하고 여동생이 보고 싶어 밤중에 아파트로 숨어든다. 오빠가 학교에서 다시 퇴학당한 것을 알아챈 동생 피비가 뭘 하고 싶으냐고 물을 때 홀든은 소설 제목이 된 희망을 이야기한다.

"나는 늘 넓은 호밀밭에서 꼬마들이 재미있게 놀고 있는 모습을 상상하곤 했어. 어린애들만 수천 명이 있을 뿐 주위에 어른이라고는 나밖에 없는 거야. 그리고 난 아득한 절벽 옆에 서 있어. 내가 할 일은 아이들이 절벽으로 떨어질 것 같으면, 재빨리 붙잡아주는 거야. 애들이란 앞뒤 생각 없이 마구 달리는 법이니까 말이야. 그럴 때 어딘가에서 내가 나타나서는 꼬마가 떨어지지 않도록 붙잡아주는 거지. 온종일 그 일만 하는 거야. 말하자면 호밀밭의 파수꾼이 되고 싶다고나 할까. 바보 같은 얘기라는 건 알고 있어. 하지만 정말 내가 되고 싶은 건 그거야. 바보 같겠지만 말이야."

다시 집을 나와 앤톨리니 선생 댁에 가지만 성추행을 당하여 충격을 받은 홀든은 마지막으로 피비를 만난 후 서부로 떠나려 한다. 다음 날 아침에 피비가 다니는 학교를 찾아가 학교 담벼락에 그려진 외설적인 낙서를 지우고 다닌다. 이후 그는 결국 정신병원에 입원한다.

이 작품은 허위와 가식으로 가득 찬 세상을 청소년의 시선을 빌려 고발한다. 3일 반에 걸쳐 목격한 뉴욕은 쾌락과 허식의 세계이다. 홀든의 행적은 방황이면서 무엇인가의 목적지로 향하는 탐색이며 순례다. 사회는 위선과 허구로 가득 차 있다. 심지어 그가 다녔던 펜시 고등학교는 말을 타고 폴로를 즐기는 학생들의 사진으로 광고하지만, 학교에는 말이 없다. 그런 기성세대가 과연 세상의 거짓을 책임지고 젊은이들의 방황에 충고할 자격이 있는가를 작품은 묻는다. 청소년에서 젊은이로 급격하게 성장한 홀든은 기성세대의 추악한 면을 알았으므로 자신이 아이들을 지켜주어야 한다고 믿는다. 행동으로 학교 담벼락에 쓰여 있는 외설적인 욕설까지 지우기도 한다. '호밀밭의 파수꾼'은 기성세대가 어지럽힌 세상을 새롭게 정화시키려는 실천자이고, 아이들이 물들지 않도록 지켜주는 기사이다.

어른 사회는 홀든을 문제 학생으로 간주한다. 이것이 기성 사회가 그렇다고 여기는 그의 외양이다. 하지만 실재 그는 기성 사회가 인식하기 어려운 고상한 기질을 지닌 기사형 청년이다. 사회는 자신들의 판단과 기준이 다르면 자기 식대로 믿어버린다. 그렇다면 그를 어떤 인간으로 봐야 할까?

샐린저는 작품에 이런 명언을 적었다 "누구에게든 아무 말도 하지 말아라." 말하려는 것은 세상은 부도덕하고 가식과 위선의 정신병을 앓고 사람은 어른들이고 그런 사회에서 아이들은 정신적 혼란을 겪는다는 내용이다. 셀린저도 세상은 실재가 아닌 허상이 가득한 곳이라고 여긴다. 미국 작가 제임스 룬드 카이스트가 샐린저를 "심원한 종교적인 작가(a profoundly religious writer)"로 지칭한 말을 빌린다면 뉴욕, 미국, 나아가 현대 사회에는 본질적인 것들이 거의 없다는 해석이 가능해진다.

허상은 불교의 공(空) 사상에 닿아 있다. 공(空)은 불교사상의 근본적인 개념 중의 하나로서 '색즉시공(色卽是空) 공즉시색(空卽是色)'으로 요약된다. 색이 공이요, 공이 색이건만 문명에 취한 그들은 자신의 외양과 실재를 인위적으로 구분하려 한다는 것이다.

홀든은 마치 파계 같은 3일을 보내지만, 매번 자신의 행동과 주변 상황을 비평적으로 해석할 뿐 아니라 자신의 일탈을 자각하고 있다. 여동생 피비의 말대로 지금까지 '좋아하는 것'이 없었지만 이제 '좋아하는 것'을 자각하고 '호밀밭의 파수꾼'이 되기로 작정한다. 하지만 구원의 목자가 되려는 순간, 세상은 그를 정신병원에 보내버린다. 어쩌면 홀든은 그것마저 이미 알아차리고 스스로 선택한 길일지도 모른다. 작가 샐린저도 시대를 위한 펜으로 시대의 타락을 경고하였지만, 글의 한계를 인식하고 절필에 가까운 은둔을 선택하였다고 볼 수 있다.

샐린저에게는 동양 선(禪)을 소재로 한 단편도 적지 않다. 단편들은 미국의 허위(Phony)를 동양의 선사상으로 교화하려 한 문제작으로 앞서 소개한 「테디」 외에 「아홉 이야기들」은 선불교의 시각에서 본 죽음과 윤회를, 「프래니와 주이」는 선 수행을 다루었다. 2차 세계대전 후 다원주의 국제사회가 형성된 시기임을 이해한다면 샐린저의 작품 정신은 미국의 물질 만능과 가식의 세계를 극복하기 위한 대안임을 이해할 수 있다.

샐린저의 소설은 변천의 시대와 상관없이 미국 전통도 유지한다. 미국 소설의 특징은 매번 변화하는 시대에 부응하는 아메리칸 아담을 창조한다는 점이다. 개척기의 립 반 윙클, 허먼 멜빌의 해양소설 영웅인 이슈메일, 2차 세계대전 후에는 『노인과 바다』의 산티아고, 피츠제럴드의 『위대한 개츠비』의 청년 개츠비, 마크 트웨인의 허클베리 핀 등은 미국 역사를 반영하는 아메리칸 아담들이다. 『호밀밭의 파수꾼』 홀든 콜필드도 미국적 아담으로서 미국과 미국인의 허식에 경종을 울리는 역할을 갖는다.

샐린저는 유언에서 이런 말을 했다. "용감한 군인과 실패한 남편, 창조적인 열정으로 가득 찬 작가에서 자신의 세계를 지키기 위해 은둔을 택한 남자까지, 모두 한 인물 안에 들어 있다." 그 인물이 홀든 콜필드이다. 그리고 홀든은 "이 세상에 있기는 했지만, 거기에 속해 있지 않았던" 불온한 시대의 이탈자이다.

　작가 샐린저는 자신의 소설을 영화화하겠다고 찾아온 스티븐 스필버그 감독을 쫓아낼 정도로 죽을 때까지 철저히 은둔자로 살았다.

박양근

1993년『월간 에세이』에서 에세이스트로 천료하였고, 2003년『문학예술』에서「한흑구론」으로 문학평론가가 되었다. 국제펜클럽 한국본부 부이사장과 부산수필문인협회장을 역임하고, 현재 부경대 영문과 명예교수이며, 부산국제문학제 집행위원장을 맡고 있다.

저서로『문학오디세이를 위한 메타에세이』,『수필비평을 위한 현대성 프레임』,『잊힌 수필, 묻힌 산문』,『한국산문학』,『좋은 수필 창작론』,『미국수필 200년』등이 있다. 제5회 김규련수필문학상, 동서문학상, 구름카페문학상, 신곡문학대상 등을 수상하였다.

5

탐욕에서 벗어나라:
발자크와 불교

문윤정

　인간의 욕망은 무한대이다. 인간의 욕망을 '밑 빠진 가죽 부대'라고 부른다. 욕망은 생의 의지로 읽을 수도 있지만, 만족을 모르는 욕망은 파멸을 불러올 수 있다.

　감각적 욕망을 행복으로 알고 끝없이 추구하다 결국 죽음으로 끝맺는 그 과정을 그린 장편소설 『나귀 가죽』을 소개한다. 『나귀 가죽』은 오노레 드 발자크의 작품으로 철학 소설이자 테제 소설이다. 1831년에 출간되어 발자크에게 명성을 안겨준 작품이다. 정신분석학자인 프로이트는 이 책을 극찬하며 숨을 거두기 전까지 손에서 놓지 않았다고 한다. 프로이트가 죽기 전까지도 『나귀 가죽』을 읽었던 것은 자신의 정신분석 이론을 잘 담아낸 작품이라서, 또 자신보다 앞선 세대를 살아낸 발자크가 어떻게 인간의 의식 세계를 이렇게 명징하게 알고 있었을까 하는 놀라움 때문이라고 생각한다.

『나귀 가죽』의 줄거리를 요약하면 다음과 같다.

삶에 절망한 청년 라파엘은 자살하려고 다리 위에서 센강을 내려다보았다. 자살하려고 난간 위에 선 순간 강변의 헌책방들이 눈에 들어왔다. 그는 난간에서 내려와 걷다가 골동품 가게에 들어갔다.

골동품 가게의 주인은 라파엘에게 '원하는 것을 모두 이루게 해주지만, 그 대가로 가죽 소유자의 목숨을 그만큼 단축시킨다'는 신비한 '나귀 가죽'을 보여준다. 라파엘은 신비한 가죽을 선택하면서 이 세상의 환희와 기쁨과 환락은 모두 즐겨보리라 결심한다.

골동품 가게에서 발견한 나귀 가죽에는 산스크리트어로 다음과 같은 글귀가 적혀 있다.

> 만일 그대가 나를 소유하면 그대는 모든 것을 소유하게 될 것이다. 하지만 그 대신 그대의 목숨은 나에게 달려 있게 될 것이다. 신이 그렇게 원하셨느니라. 원하라, 그러면 그대의 소원은 이루어질 것이다. 하지만 그대의 소망은 그대의 목숨으로 대가를 치러야 한다. 그대의 목숨이 여기 들어 있다. 매번 그대가 원할 때마다 나도 줄어들고 그대의 살날도 줄어들 것이다.

발자크는 이 나귀 가죽을 부적이라고 표현했다. 주인공 라파엘은 '욕망을 이루는 만큼 자기의 생명은 줄어든다'는 노인의 말을 듣고도 나귀 가죽을 집어 들었다. 원하는 것은 모두 이루게 해주는 나귀 가죽은 현대판 로또와 같다. 라파엘은 섬뜩한 경고에도 불구하고 자기를 절제하면서 제어하면서 산다면 한평생 나귀 가죽의 덕을 보면서 살아갈 것만 같았다. 하지만 인간에게는 충동본능이 있기에 자기를 다스린다는 것은 쉽지 않은 일이다.

프로이트는 인간의 마음을 움직이는 것은 이드(id), 자아(ego), 초자아(superego) 세 가지로 보았다. 이드는 우리가 도달할 수 없는 어두운 부분이며, 충동으로부터 나오는 에너지로 가득 차 있다. 무의식의 세계인 것이다. 이드는 통제되지 않은 정념과 의지, 충동이 발원하는 일종의 저장고로서 하나의 역동적인 실체처럼 간주된다. 이드는 인간 육체의 본질적 차원이자 리비도(성충동) 자체이며 삶의 뿌리라 할 수 있다.

나귀 가죽을 얻은 라파엘은 먼저 으리으리한 대저택부터 짓는다. 대저택은 화려하고 값비싼 물건들로 채워진다. 저택에 하인을 여럿 두고 주지육림(酒池肉林)의 나날을 보낸다. 대저택에서는 날마다 파티가 벌어진다.

무서운 아버지와 마주하고 있으면 언제나 여덟 살로 돌아가는 라파엘은 스무 살 때부터 정신적인 방종을 꿈꾸었다. 그러다 라파엘은 아버지 사촌인 나바랭 공작의 저택에서 열린 무도회에 가게 되었고, 그곳에서 몇몇 사람과 노름을 하였다. 처음으로 해본 노름판에서 돈을 딴 라파엘은 도박에 대한 환상을 가지게 되었고, 이 환상은 자신을 파멸의 길로 이끌게 된다.

심리학 이론에 의하면 거울 단계는 아동이 자기 신체라는 개념을 획득하고 사회적 삶을 영위하기 위해 거치기 마련인 인격 발달의 한 과정을 말한다. 거울 단계에서 거울 역할을 하는 것은 다양하다. 부모 등 아이의 주변에 있는 사람들의 반응이 아이가 자기를 인식하게 되는 거울 이미지에 해당된다. 건강하지 못하고 병들어 있는 거울을 들고 있다면 바른 가치관을 확립하는 데 어려움이 있다. 라파엘이 이 경우에 속한다.

날마다 라파엘의 저택에서 벌어지는 파티는 전쟁터를 방불케 할 정도로 난장판이다. 만취해 시체처럼 널브러져 있는 사람들, 무희들의 광적인 춤사위에 환호하는 사람들의 고함으로 가득한 홀의 풍경은 환멸을 느끼게 한다. 홀에서 펼쳐지는 장면에는 성적본능만이 있는 것 같다.

프로이트는 성적본능으로 살아가는 사람은 "사랑 관계에서는 사랑받지 못하면 자존심이 떨어지게 되고, 반면에 사랑을 받으면 자존심이 올라가게 된다"라고 했다. 라파엘은 사랑을 통해 자존심이 올라가는 나르시시즘적 리비도를 통해 삶의 환희를 느낀다. 스무 살 때부터 쾌락을 꿈꾸었던 라파엘은 골동품 가게 노인의 충고도 무시한 채 쾌락에 탐닉한다.

어느 날 문득 나귀 가죽이 생각나서 꺼내 보았더니 눈에 띄게 줄어들었다. 그의 생명이 그만큼 줄어든 것이다. 죽음이 점점 다가오고 있음을 느낀 라파엘은 그제야 방탕한 생활을 멈춘다. 하지만 죽음이 문 앞에서 기다리고 있다. 나귀 가죽을 통해 자신의 생명이 얼마

남지 않음을 확인한 라파엘의 핼쑥한 얼굴은 소름 끼치도록 창백해졌다. 방탕의 대가가 어떠한 것인지를 깨닫게 되었다. 그제야 노인의 말이 생각났다.

"나귀 가죽에는 당신들의 사회적 이념, 당신들의 멈출 줄 모르는 욕망, 당신들의 무절제, 죽음을 부르는 당신들의 쾌락, 삶을 과도하게 압박하는 당신들의 고통이 들어 있네."

노인은 극심한 쾌락은 악과 다르지 않음을 강조한다. 또 "물질세계의 어둠은 가장 온유한 것이라도 항상 눈을 멀게 한다."라고 말했다. 욕망과 탐욕에는 고통과 죽음이 내포되어 있음을 말한다. 욕망은 인간 존재에게 필연적으로 남아있는 결여에 의한 것이며, 채워질 수 없는 것에 대한 불가능한 갈망을 의미한다.

불교에서는 탐진치(貪瞋痴), 탐욕과 분노와 어리석음을 삼독(三毒)이라 하여 생을 파멸로 이르게 하는 독에 비유했다. 부처님은 '탐욕의 재앙'에 대해 이렇게 말씀하셨다.

"탐욕이란 어디를 가도 만족할 줄 모르는 것이다. 탐욕은 고통으로 가득 차 있어 우리를 절망의 구렁으로 떨어뜨리고, 무서운 재앙을 불러들인다. 바른 지혜로써 그것이 그른 줄 알더라도 평안의 경지에 이르지 못하면 탐욕에 쫓기고 마는 것이오. 그것이 그른 것인 줄 바르게 알고 탐욕을 떠나 평안의 경지에 이르러야

오노레 드 발자크

만 탐욕의 속박에서 벗어날 수 있는 것이오."

불교의 궁극적 목표는 고통으로부터 해탈이며, 이것은 탐욕의 불꽃을 완전히 끄는 것이다. 탐욕의 불꽃을 완전히 껐을 때 비로소 윤회의 사슬에서 벗어날 수 있다. 채워질 수 없는 것에 대한 욕망을 갈애(渴愛)라고 하는데, 갈애는 커다란 괴로움을 야기한다. 또 갈애는 윤회의 고리를 반복하게 만드는 원인이 된다. 탐욕과 애욕에는 즐거움과 재앙이 함께 하는 것임을 망각하는 것이 무명(無明)이다.

라파엘은 안색이 핏기를 잃어 납빛으로 변하고, 두 눈의 초점은 한곳에 고착된 자신의 얼굴에서 죽음을 보았다. 그는 욕망이 이루어질 때마다 앞으로 살날을 대가로 치러야 한다는 것을 똑똑히 본 것이다. 라파엘은 나귀 가죽이 허언이 아님을 실감했다.

라파엘은 "백만장자는 바로 자기 자신이 자신의 사형집행인이다!"라고 말한다. 라파엘은 누릴 수 있는 쾌락을 다 누렸지만, 그에게 기다리고 있는 것은 죽음이었다. "감각적 욕망의 행복은 뼈다귀와 같으며, 그것은 많은 괴로움과 많은 절망을 주고 거기에는 재난이 더 많다."라는 부처님의 가르침을 라파엘이 알았더라면 죽음에 이르지는 않았을 것이다.

나귀 가죽에는 생성과 소멸, 생명과 죽음이 담겨 있다. 소설 『나귀 가죽』에는 프로이트가 말한 '에로스(Eros, 삶의 본능)와 타나토스(Thanatos, 죽음의 본능)가 담겨 있다.

프로이트는 『쾌락원칙을 넘어서』에서 생명의 본능과 죽음의 본능이라는 욕구의 이원론을 말했다. 성적본능은 살아 있는 물질의 부분을 통합하고 융합하려는 에로스의 개념이다. 죽음의 본능인 타나토스는 무기적 상태의 재현을 목표로 해서 해체의 방향으로 작용한다는 개념이다. 욕구의 이원론에서는 인간에게 창조의 본능이 있다면 파괴의 본능도 있다고 본다. 프로이트를 추종하는 프랑스의 정신분석학자 자크 라캉(Jacques Lacan)은 "모든 충동은 사실상 죽음의 충동"이라고 했다. 그 이유는 모든 충동은 그 자체의 소멸을 추구하며, 모든 충동은 주체를 반복에 관여하게 하며, 모든 충동은 쾌락원칙을 넘어서서 즐거움이 고통으로 경험되는 과도한 향락의 영역으로 들어가려는 시도이기 때문이다.

『나귀 가죽』을 한 줄로 요약하면 '과도한 욕망과 애욕은 삶을 파멸로 이끈다'는 것이다. 주인공 라파엘을 죽음에 이르게 한 것은 자신이 꿈꾸었던 감각적 쾌락과 방탕한 생활이었다. 인간의 욕망은 뫼비우스의 띠처럼 에로스와 타나토스가 함께 작용하고 있음을 시사하고 있다. 나귀 가죽은 현대판 로또와 같다. 로또를 꿈꾸는 사람들에게 발자크는 강력하게 어깃장을 놓고 있다.

불교에는 깨달음으로 가는 지침서이자 괴로움을 소멸로 인도하는 팔정도(八正道)가 있기에, 불자들은 욕망에 빠져 허우적대는 일이 없을 것이다.

문윤정

1998년『에세이문학』으로 등단하였다. 저서로는『선재야 선재야』,『마음이 마음에게 묻다』,『답일소』,『걷는 자의 꿈, 실크로드』,『터키, 낯선 시간에 흐르다』,『세계 문호와의 가상 인터뷰』,『시간을 걷는 유럽 인문여행』외 다수가 있다. 현대수필문학상, 신곡문학상 본상을 수상하였다. 지금은 서울교대 평생교육원에서 강의하고 있다.

제2부

붓다와
서양 철학자들

6
우리의 지식은 인상印象의 감정에 불과하다:
흄의 해방과 붓다의 자유

김은중

J는 누구로부터 코로나19에 옮았는가?

지난 토요일에 만난 지인 H가 코로나19에 걸렸다고 다음 주 수요일에 J에게 문자를 보냈다. J도 그 다음 날인 목요일부터 코로나19 증상이 나타나기 시작했다. 지난 주말에 두 사람이 카페에서 대화를 나눈 시간은 약 40분이었다. H는 월요일부터 감기 기운이 있었으며, J는 월요일에는 아무 증상이 없었다. H는 J는 H로부터 코로나19에 전염되었다고 판단했다. H도 그렇게 생각했다. 우리도 대부분 그렇게 생각할 것이다. 그러나 이런 판단은 정확하지 않으며 다음과 같은 이유들에 따라 부정될 수 있다.

첫째, J는 그날 버스와 지하철을 번갈아 타면서 H와의 약속장소에 도착했다. 만난 뒤에도 지하철과 버스를 이용해 집으로 갔다. 대중교통에서 만난 수많은 사람들 가운데 어느 누구로부터 전염됐을 가능성이 있다.

둘째, 따라서 H가 J를 만나기 전에 이미 코로나19에 감염돼 있었다고 해도 J가 걸린 코로나19가 H로부터 온 것이라고 확신할 수 없다. 왜냐하면 H가 J에게 코로나19를 옮겼다는 구체적인 증거가 없으며, 대중교통에서도 누군가가 J에게 코로나19를 선물했고 H 역시 J에게 코로나19를 선물했어도, J가 걸린 코로나19가 어느 쪽으로부터 감염된 것인지 명확하지 않다.

셋째, J는 H를 만나기 전에 이미 코로나19에 감염되었을 수 있다. H를 만날 때는 잠복기였다. 다만 잠복기가 2일에서 14일 정도이므로, H가 J로부터 감염되어 먼저 양성 반응이 나타났고 J는 하루 늦게 나타났을 수 있다. 오히려 J가 H에게 코로나19를 옮겼을 수도 있다.

이런 가능성이 있는데도 우리는 J가 H로부터 코로나19를 옮았다고 생각하는 데는 이유가 있다. 스코틀랜드의 에든버러 출신 철학자 데이비드 흄(1711~1776)은 "우리의 모든 앎은 강렬함이나 생생함으로써 느껴지는 '인상(印象)'의 감정에 불과하다."고 말한다. 인상은 '어떤 대상이 마음에 박히는 느낌'이다. 첫인상이 좋다고 할 때 우리가 이해하는 뜻, 바로 그것이다.

우리 사유의 모든 재료는 우리의 안과 바깥에서 형성되는 인상(印象)에서 나온다. 인상은 우리가 듣거나 보거나 느끼거나 사랑하거나 미워하거나 욕구하거나 의욕할 때 일어나는 좀 더 생생한 지각이다. 마음에 최초로 등장하는 우리의 모든 감각, 정념, 감정이다. 우리의 모든 사유나 관념은 그런 인상들의 모사이다.

강력한 인상들로부터 생긴다는 인간의 지식

우리는 상처를 보면 고통스럽고, 하늘에 빛이 번쩍이면 천둥이 칠 거라고 생각하며, 천둥이 치면 비가 오겠다고 생각한다. 연예인 W가 광고하는 제품은 좋을 거라고 생각한다. 우리는 이런 생생하거나 강렬한 사태로부터 받은 인상에서 관념을 만드는데, 이런 관념들이 이성적으로 얻어진 것이라고 생각한다. 그리고 각각의 관념을 결합한다. 이렇게 생각하는 까닭은, 우리가 유사한 사물들(유사성의 법칙), 시간과 공간에서 인접한 사물들(근접성의 법칙), 원인과 결과로 연결된 사물들(원인과 결과의 법칙)을 두고 축적한 관념들을 결합하기 때문이다.

우리는 토요일에 H와 J가 만났고, H는 다음 주 월요일부터 몸살 기운이 있었으며, 수요일에 코로나19 양성 판정을 받았고, J는 목요일부터 증상이 나타나기 시작한 것을 생각한다. 이것들은 사실 각각의 인상들이다. 다른 인상들도 있지만 그 인상들은 무시한 채―왜냐하면 이 인상들이 가장 생생하므로―우리는 이 인상들을 관념으로 만들고는 J가 H로부터 코로나19를 옮았다고 생각하는 것이다.

지식은 관념들의 결합이다. 예를 들어 매일 아침 해가 뜬다는 관념들을 결합해 아침이면 해가 뜬다는 하나의 지식을 만든다. 우리는 관

데이비드 흄의 초상화

넘이 이성적으로 얻어진다고 생각하지만, 관념의 기원은 사실 경험에서 얻어지는 인상이다. 그렇다면 지식은 이성적인 추론으로써 얻어지지 않고 얼마나 더 그럴듯한가에 대한 개연성에서 얻어진다. 우리는 우리가 경험하는 것만 인식할 수 있고, 경험에서는 필연성이 아니라 개연성에만 도달할 수 있다. 흄은 "문제에 관한, 곧 원인과 결과에 대한 모든 추론은 오직 습관에서 발생하며, 습관은 반복된 지각의 결과로서만 존재할 수 있을 뿐이다."라고 말했다. 그는 사람들이 연속적 관계를 필연적 관계로 오해하고 있다고 말했다.

원인과 결과는 관념의 일정한 연속일 뿐 그 이상의 의미는 없다. "인과 관계에 대한 지식은 추론에 의해서 선험적으로 얻어지는 것이 아니라, 우리가 어떤 특정한 대상들이 서로 지속적으로 결합된다는 것을 발견할 때 얻어지는 경험으로부터 생긴다." 이것이 흄의 생각이다. 자연의 운행에서는 유사한 대상들이 지속적으로 서로 연접해 나타나며, 정신은 습관적으로 하나를 보고 다른 하나도 출현할 것이라고 추리하도록 결정되어 있다. 연접과 추리, 이 두 가지 사실이 우리가 사물 속에 있다고 생각하는 그 필연성 전부를 만들어낸다. "유사한 대상들의 지속적인 연접이 없다면, 그리고 연접을 보고 나서 하나로부터 다른 하나로 추리가 이어지지 않는다면, 필연성이나 연관성에 대한 개념은 우리에게 전혀 생겨날 수 없다." 이런 관점에서 인간이 알고 있는 진리는 객관적이지 않고 주관적이며 심리적이라고 흄은 생각한다.

우리는 영혼의 실체에 대해 알지 못한다

여기에서 흄은 한발 더 나아가 "우리가 인식할 수 있는 모든 것이 우리 자신의 감각뿐이라면, 물질적 실체나 정신적 실체의 실재성을 확언할 권리가 없다."고 주장한다. 우리의 지식은 현상의 세계에 제한되어 있기 때문에, 우리는 궁극·실체·원인·영혼·자아·외부세계·우주에 관해 전혀 알지 못한다.

그런 다음, 흄은 비물질적이며 분리가 불가능하고 사멸도 불가능한 영혼 및 실체에 대해 전혀 알지 못한다고 주장한다. '사유하는 실체'(자아)가 단일하며 분리가 불가능한지의 여부는 우리의 경험을 통해서는 확증될 수도, 반박될 수도 없다. 따라서 우리는 '동일하고 단순한 자아'의 관념을 갖지도 못할 뿐 아니라 그런 단순하고 지속적인 원리가 우리 안에 있다는 경험을 한 적도 없다.

우리의 마음은 "상이한 지각의 다발 또는 모음이며, 이는 파악할 수 없는 속도로 서로 제기하며 영속적 흐름과 운동 가운데 있다. 마음은 몇몇 지각이 계기적으로 모습을 보이고 지나가고 다시 지나가고 흘러 사라지며 무한히 다양한 상태와 상황 속에 섞이는 일종의 극장이다. 그 안에는 하나의 시점에서 단순성이 없으며 다른 시간들에서 동일성이 없다." 그러니까 마음 안에는 단순성도 동일성도 없다. 마음은 어떤 관계에 의해 결합된 상이한 지각들의 모음에 불과하다. 그런데 우리는 마음이 완전한 단순성과 동일성을 부여받았다고 가정한다. 이 가정은 증명되지 않았다.

흄이 주장하는 요지를 요약하면 이렇다. 마음은 습관에 따라 하나의 사건에서 다른 결론을 추론한다. 하지만 비슷한 대상의 일정한 연접과 그에 따라 하나에서 다른 하나로의 추론을 넘어서는, 필연성이나 연관의 개념은 없다. 따라서 흄에서 지식은 인간의 경험이 만든 허구의 구조가 되며, 인성의 실체에 대한 실재성은 확인할 수가 없게 된다.

붓다의 '없다'와 흄의 '알 수 없다'

흄의 이런 주장은 붓다의 무아론(無我論)과 연결되기도 한다. 아니 우리는 그런 습관을 갖고 있다. 연결하거나 연상하는 습관 말이다. 그러나 붓다의 말씀과 흄의 주장이 얼핏 같아 보이기는 하지만 탐구의 방법에서는 다르다. 만약에 붓다와 흄이 같다고 말한다면, 그것은 흄이 말하는 습관에 따른 것이다. 그러나 습관으로써 부회(附會)를 저지를 수는 없다.

붓다는 나의 존재가 현상적으로 없는 것은 아니지만 본체로서의 자아는 없다고 주장한다. 대신 존재를 구성하는 다섯 가지 존재 다발인 오온(五蘊)을 설정한다. 색(色)·수(受)·상(想)·행(行)·식(識)이 그것인데, 존재의 물질적(신체적) 요소(色)와 정신적 요소(受想行識)들의 무리로서, 『반야심경』에서 말하는 '조견오온개공(照見五蘊皆空)'에서의 오온을 가리킨다. 흄의 지식론에는 이런 오온이 없는데 인상·관념·결합 등을 수·상·행·식과 연결할 수 있을지 의문이다.

사람들은 몸을 구성하는 물질(色)과 함께, 정신적 과정인 느낌(受), 지각(想), 형성(行), 의식(識)을 각각 '나'이거나 나의 것이라고 생각한다. 오온에 근거하여 "이것이 '나'이고 이것이 세상이고 죽은 후에 항상하고, 견고하고, 영원하고, 불변하게 존재할 것"이라고 생각한다. 그러나 오온은 모두 공이다. 그것을 제대로 볼 때 도일체고액(度一切苦厄), 일체의 고통과 액난으로부터 벗어날 수 있다는 것이 붓다의 말씀이다.

따라서 오온을 분석하고 관찰하면 자아에 실체가 없음이 드러난다. 세상에 절대적인 것은 없으니, 모든 것은 조건 지어지고 상대적이며 상호의존적이다. 인간 존재는 오온으로 이루어져, 조건에 의해 생성되었다가 조건에 의해 변하고 사라지는 것일 뿐, 불변의 실체인 자아가 별도로 존재하지는 않는다.

그러니까 자아의 실체에 대해 흄은 '알 수 없다'라고 말하며 붓다는 명확하게 '없다'라고 말한다. 우리의 지식은 마음에 의해 만들어지는데, 흄은 인과율이 증명되지 않으므로 지식은 개연적이라 했고, 붓다는 깨달음이란 연기법을 여실히 보는 것이라 하여 인과를 인정했다. 연기법을 본다는 것은 이 세계의 모든 현상과 존재, 사물들을 개별적인 고립된 존재로 보는 것이 아니라 조건적 관계로 보는 것이다. 흄은 고립을 붓다는 연결을 생각한다. 여기에서 붓다와 흄 사이에 차이가 있다.

이렇듯 붓다의 무아론과 흄의 지식론은 다르게 전개된다. 다만 추구하는 목적에서는 닮은 점이 보인다. 흄은 철학적 회의론을 앎으로써 인간이 자만하지 않고 겸손하며, 일상적인 삶을 영위하고 학문을 탐구할 수 있게 되며, 독단과 불합리성으로 가득 찬 논증들과 쓸데없는 고집으로부터 해방된다고 보았다. 붓다는 연기의 법칙을 깊이 이해하면 '자아의 비어 있음'으로서의 무아를 깨달아 자신과 타자의 상호 연관성을 경험하면, 세계와의 단절감이 사라지며 이기적 욕망과 공격성으로부터 자유로워진다고 보았다. 흄의 해방과 붓다의 자유 사이에는 통하는 점이 있다.

김은중

2014년 계간 『인간과문학』에 문학평론으로, 2018년 『에세이문학』에 수필로 등단했으며, 『The 수필』 선정위원, '철학수필회' 회원으로 활동 중이다. 저서로는 『바퀴와 속도의 문명사』(공저), 『명예란 무엇인가』(공저), 『문학, 철학을 입다』 등이 있다.

7

삶의 고통에서 해방하라:
마르크스주의와 불교

지혜경

"마르크스주의와 불교는 동일한 과업을 서로 다른 수준에서
각각 수행하고 있다."

이 인용문은 프랑스의 인류학자인 클로드 레비스트로스가 그의 역
작 『슬픈 열대』에서 했던 말이다. 한때 카를 마르크스의 서적이 국가
의 금서였고, 공산주의 국가와 적대적 관계를 경험한 한국인들에게
이 말은 매우 낯설게 들릴 수 있다. 혁명과 투쟁을 이야기하는 마르
크스주의가 어떻게 비폭력을 이야기하는 불교와 동일한 과업을 수
행한다고 할 수 있을까?

마르크스주의가 공산주의의 이론적 토대이기는 하지만, 마르크스

주의와 우리가 생각하는 북한, 러시아, 중국의 공산주의와는 차이가 있음은 주의해야 한다. 석가모니 붓다의 가르침이 화엄이나 선의 가르침과 완전히 똑같지 않은 것처럼 말이다. 마르크스주의에 대한 우리의 편견을 내려놓고 하나의 철학으로 마르크스주의를 바라보면 의외로 불교와 만나 함께할 수 있는 지점들이 보인다.

자유와 해방을 위한 철학

마르크스주의와 불교의 공통점은 둘 다 인간의 실존적 삶에 대해서 비판적으로 바라보고, 인간을 삶의 고통으로부터 해방시킬 것을 이야기한다는 것이다. 불교는 인간을 비롯한 생명체들이 태어나면서 겪게 되는 늙음, 아픔, 죽음 등의 실존적 고통으로부터의 해방을 이야기한다. 그러면, 마르크스주의는 무엇으로부터의 해방을 이야기하는가?

마르크스가 살던 산업혁명의 시기는 기술의 발달로 농업에서는 생산력이 증대하였고, 다른 산업에서는 대량생산으로 인해 사회 전체적으로 물질적으로 다양하고 풍요로웠다. 하지만, 공장에서 일하는 노동자들의 삶은 이전보다 힘들고 고달팠다. 분명 중세시대의 농노 시절보다는 자유로워졌는데, 노동자가 노동하면 할수록, 그들의 삶은 더 나빠졌다. 마르크스는 이러한 노동자들의 불행한 상황을 '소외'라고 불렀으며, 이 소외로부터 해방되는 길을 모색하였다.

'소외'란 우리가 일상에서 사용하는 배제나 따돌림의 의미와는 조

카를 마르크스

금 다르다. 철학에서 의미하는 소외는 인간이 자신의 본질을 투영하여 만든 생산물과 분리되어, 그 생산물로부터 억압당하고 통제받는 것을 말한다. 소외라는 표현을 쓰는 이유는 인간이 자신의 본질로부터 멀어지고 낯설어졌기 때문이다. 마르크스의 소외개념에 큰 영향을 미친 루트비히 포이어바흐는 인간이 자신의 본질로부터 멀어진 소외의 원인을 신에게서 찾았다. 즉, 인간이 신이라는 관념을 만들어 현실에서 구현할 수 없는 인간의 이상적 본질들인 지혜, 사랑, 박애 같은 것을 신에게 부여하면서, 신은 위대한 존재로, 인간 스스로는 부족한 존재로 만들었다. 그 결과 인간은 신의 지배를 받으며, 자신의 본질로부터는 소외된 자유롭지 못한 상태에 놓이게 되었다.

반면, 마르크스는 인간소외의 문제를 종교적인 것이 아니라 경제적인 것으로 보았다. 잘 알려진 바대로 그는 인간이 만들어낸 모든 제도는 경제적 토대에 의해서 형성되고 변화하는 것으로 보았기 때문이다. 또한 그는 인간의 본질을 지혜나 자비 같은 추상적인 덕목이 아니라 노동으로 보았다. 그에게 노동이란 인간을 인간답고 자유롭게 살게 한다. 노동을 통해 인간은 자유롭게 자신의 필요를 충족하고, 신을 계발하고 세계를 만들어가는 것이다.

이러한 맥락에서 인간이 만들어낸 모든 생산물들 또한 원래는 인간의 본질이 구현된 것이라 할 수 있다. 나의 노동으로 내가 만든 것이므로, 내 소유물이고, 내 마음대로 할 수 있어야 함에도, 자본주의 구조에서 나의 생산물은 내 맘대로 하지 못한다. 노동자가 이처럼 자신의 생산물에 대한 통제권을 잃어버린 이유는 그 물건을 생산하는 데에 자본가의 생산수단을 썼기 때문이다. 이로써 생산물이 자본가의 소유물이 되었고, 여기에서 소외의 문제가 발생한다.

노동자가 생산물로부터 소외된 상황은 거기에서 멈추지 않고, 자신의 노동으로부터의 소외로 이어진다. 이는 노동자가 자신의 노동시간을 자본가에게 팔아서 자본가의 통제를 받는 상태에 놓였기 때문이다. 이로써 노동자는 더 이상 자유로운 생산 활동을 할 수 없게 되어, 결국 인간 본질로부터도 소외된다. 생산물, 노동, 인간 본질로부터의 소외는 인간이 서로를 자신의 욕망을 채우는 수단으로만 보게 만들어, 궁극적으로는 인간이 인간으로부터 소외되고, 인간의 존엄성을 잃어버리는 상황에 이르게 한다. 그래서 자본주의 경제체제에서 개개인은 자신으로부터 소외되고, 자신의 생산물로부터 억압받고, 자본에 의해 통제되는 비극적 고통의 상태에 놓여 있는 것이다. 마르크스는 이 소외상태로부터의 해방을 주장한다.

이처럼 불교와 마르크스는 인간이 처한 고통으로부터 해방된 자유로운 삶을 추구한다. 하지만, 불교에서 이야기하는 해방이 시대나 사회 경제체제의 제약을 초월하여 인간의 실존적 굴레를 벗어나는 해방이라면, 마르크스가 이야기하는 해방은 자본주의 경제체제라는 조건 지어진 상황에서의 해방이라는 차이가 있다.

변화하는 자아와 탐욕

둘 다 해방과 자유라는 공통의 목표를 가지고 있지만, 불교와 마르크스주의가 진단한 삶의 고통의 원인은 유사한 듯 다르다. 1차적으로 인간의 삶이 고통스러운 이유는 탐욕과 이기주의이다. 인간은 자신이 원하는 것을 갖지 못하는 것에서 괴로움을 느낀다. 하지만, 불교는 삶의 고통의 원인을 인간 자신과 세계에 대한 잘못된 인식에서 찾으며, 마르크스주의는 인간을 둘러싼 외적 조건인 사회구조에서 찾는다.

불교에서는 인간이 겪는 괴로움의 근본 원인을 '자아'에 대한 잘못된 인식과 애착으로 보았다. 원래 존재에는 불변의 자아라는 것이 없으며, 모든 존재하는 것들은 상호의존적으로 존재한다. 그런데 인간은 불변의 자아가 있고, 영원할 것이라 믿기에 변화 속으로 흘려보내야 할 것들을 계속 붙들고 있으면서 유지시키고 있다. 다른 철학들과 다르게 불교는 이 문제를 바로 지적하며 인간이 '자아'라고 생각하는 것들을 쪼개어 다섯 가지 요소로 구성되어 있다고 한다. 다섯 가지 요소는 물질적 부분(색)과 감수작용(수), 인지작용(상), 의지작용(행), 분별하고 기억하는 작용(식)으로, 이 요소들이 순간순간 결합하며 '나'를 지속시키고 있는 것이다.

그렇다면, 이 요소들의 결합을 변하지 않는 '나'로 보는 것이 왜 삶을 힘들게 할까? 흘러가야 할 상처와 감정들을 나의 감정이라는 이름으로 붙들고 되새김질하게 한다. 나를 안락하게 만들고 싶은 욕망으로 이것저것 끊임없이 소유하고자 하며, 소유하지 못할 경우 좌절감을 심어준다. 나아가 언젠가는 마주하게 될 죽음의 순간에 대한 두려움을 외면하면서도 언제나 마음 한편에 가지고 있게 된다. 그렇게 삶의 고통의 수레바퀴에서 계속 쳇바퀴를 돌게 한다.

　불교와 다르게, 마르크스주의는 인간 삶의 고통의 원인을 '자아'에 대한 잘못된 인식이 아닌 외부의 경제구조에서 찾았다. 인간은 스스로 이해하지도 통제하지도 못하는 힘인 생산력에 종속되어 살고 있다. 생산력이란 생산수단과 생산수단을 작동시키는 이의 능력을 말한다. 예를 들어 돌절구로 농작물을 가공할 때, 돌절구와 돌절구를 사용하는 인간의 능력을 합하여 생산력이라고 부른다. 생산력에 따라 생산 관계가 만들어지고, 이에 따라 사회구조가 형성된다. 생산력이 달라지면, 생산 관계가 변화하고 사회구조 또한 변화하게 된다.

　근대 이전에는 생산력이 높지 않았고, 생산력에서 인간의 노동에 대한 기여도가 컸기에 소외문제가 심각하게 발생하지 않았다. 그러나 근대에 들어 생산력이 높아지면서 잉여생산물이 발생하였고, 잉여생산물에 대한 권한이 생산수단을 사적으로 소유한 자본가(유산계급)에게 주어지면서 노동자들(무산계급)은 자신의 생산물과 노동으로부터 소외되었다.

　예를 들어, 수작업을 통해 한 시간에 한 벌의 옷을 만들던 것을, 공장의 기계를 통해 한 시간에 세 벌의 옷을 만들 수 있게 되었다고 가정해보자. 이때 노동자가 소외상태가 되지 않는다는 것은, 노동자가 세 벌의 옷을 만들지, 한 벌만 만들고 쉴지에 대한 선택권이 노동자에게 주어지고, 추가로 만들어진 두 벌의 옷에 대한 소유권의 일부가 노동자에게 있어야 한다.

　하지만, 자본주의 경제구조에서는 노동자에게는 노동시간의 선택이 주어지지 않으며, 만들어진 두 벌의 옷에 대한 소유권도 전적으로 생산수단을 사적으로 소유한 자본가에게만 있게 된다. 이러한 자본주의 구조에서 자본가는 좀 더 많은 상품을 생산하여 수익을 올릴 것에만 치중하게 된다. 수익을 올리기 위해 노동자의 노동력을 더 착취하게 되고, 노동자는 더 소외되는 상태에 놓이게 된다.

근대 생산력의 발전으로, 인간이 자연의 제약으로부터 자유로워지고, 여러 영역에서 자신의 계획대로 세상을 만들게 되었지만, 자본주의의 구조 속에서 인간은 끊임없이 '더 많이'를 외치며 자신의 욕망을 채우는 탐욕스러운 존재가 되어 자본가든, 노동자든 인간의 존엄성을 상실하여 자신의 존재로부터 소외된 상태가 되었다.

인간 해방을 위하여

인간 존재의 고통의 원인에 대한 진단이 다르기 때문에 불교와 마르크스주의는 그 해결방식도 다르다.

불교는 괴로움의 원인을 자아에 대한 잘못된 인식과 애착으로 보았기에 개인의 인식 변화를 강조한다. 붓다는 팔정도(八正道)를 제시하여, 세상을 있는 그대로 바르게 인지하고, 이를 바탕으로 바르게 생각하고, 말하고, 행동하고, 바른 직업을 가지고, 바르게 집중하며, 쉬지 않고 열심히 수행할 것을 강조했다.

마르크스주의는 외부의 사회구조에서 그 원인을 찾았고, 외부의 사회구조가 인간의 사고를 지배한다고 보았기에 사회구조를 변화시키기 위한 방법을 찾았다. 그가 보기에 자본주의 사회구조의 가장 큰 문제는 사적소유와 사적 생산수단으로 인해 인간의 탐욕과 이기심을 자극하는 것이다. 그렇기에 사적소유를 제한하고, 생산수단을 사회가 공동으로 소유하고 관리하는 사회구조로 변화시킬 것을 주장한다. 이것이 사회주의와 공산주의로의 혁명, 또는 개혁이다.

현재 상황을 보면 마르크스의 방식은 실패한 것으로 보인다. 사회구조의 변화만으로 인간 욕망이 변하지 않기 때문이다. 비록 그의 방법들이 인간을 해방시키는 데 실패했지만, 그의 분석은 여전히 자본주의 시대를 살아가는 이들이 처한 상황이 어떤 것인지를 직시하는 데에 도움을 준다. 마르크스주의에 비해 불교의 해방은 보편적이기는 하나 시의성이 조금 부족하다. 그렇기에 마르크스주의와 불교의 분석과 제안을 서로 보완한다면, 오히려 지금 이 시대를 살아가는 이들을 고통으로부터 자유롭게 할 수 있는 방법을 찾을 수 있을 것이다.

지혜경

이화여자대학교 사학과와 연세대학교 대학원 철학과를 졸업했다. 버지니아주립대학교 방문교수를 역임했다. 주요 논문으로 「가상현실 시대에 불교는 어떻게 응답해야 할까」, 「철학상담방법론으로서의 선불교 수사학」 등이 있으며, 저서로 『근대불교인물열전』(공저), 『철학, 중독을 이야기하다』(공저) 등이 있다. 현재 연세대학교 철학연구소 전문연구원, 경희대학교 강의교수, 희망철학연구소 연구교수로 활동 중이다.

8
인도 철학을 서구에 알리다:
쇼펜하우어와 『우파니샤드』

홍혜랑

독일의 프랑크푸르트 공원묘지에는 생몰 연대도 없고, 묘비명(墓碑銘)도 없는 다소 야성적인 무덤 하나가 있다. 검은색 화강암 묘지석에는 'Arthur Schopenhauer'라는 이름만 큼직하게 새겨져 있다.

"내가 어디에 묻혀도 후세인들이 나를 발견할 것이다."라고 장담한 철학가 쇼펜하우어(1788~1860)는 과연 그가 예언한 대로 흙 속에 묻힌 후에야 비로소 세상과 소통하기 시작했다. 그는 묘비명보다는 자신의 저작들 속에서 기억되기를 바랐다. 독일의 근대 철학가 중에서 사후에 쇼펜하우어만큼 관심과 명성을 얻은 사람도 없을 것이다. 그는 시대를 앞서가던 외로운 철학가였다.

20세기 실존주의는 프리드리히 빌헬름 니체(1844~1900)에게서 시작됐다고 알려졌지만, 기실 니체의 탈이성주의 사상이 발아한 텃밭은 따로 있었다. 대학생 시절의 니체는 1865년 어느 날 라이프치히의 헌책방에서 그가 태어나기 사반세기도 전에 출간된 두꺼운 책 한 권을 발견하고 기쁨의 충격에 빠진다. 철학가 아르투어 쇼펜하우어의 『의지와 표상으로서의 세계(*Die Welt als Wille und Vorstellung*)』였다.

이미 고인이 된 쇼펜하우어에게 니체는 존경을 담아 「선구자 쇼펜하우어」라는 에세이를 써서 헌정할 정도였다. 쇼펜하우어의 철학사상은 훗날 니체에 의해 '생철학'이라는 실존철학의 장르를 탄생시켰고, 실존철학의 질풍노도는 20세기 지구촌 철학 100년을 뒤흔들었다.

『우파니샤드』를 읽은 첫 서구 철학자

본래 부유한 상인의 집안에서 태어난 쇼펜하우어는 어릴 적부터 인문학을 공부하고 싶었으나 아버지로부터 인문계 고등학교 진학을 허락받지 못하고 11세에 함부르크 상업학교로 보내졌다. 인생은 살아가는 것이 아니라 살아지는 것이라고 했던가. 아버지의 급서로 17세의 소년 아르투어는 인생의 큰 전환점을 맞는다.

상인으로서의 훈련을 중단하고 인문계 고등학교에 입학한 그는 우여곡절 끝에 1809년 괴팅겐대학교 의학부에 진학한다. 자연과학 과목들을 공부하던 중, 인간을 연구하려면 세계와의 관계 속에서만 가능하다는 것이 분명해졌다. 생리학을 모르면 심리학 연구는 헛수고다. 인간과 자연 사이에 존재하는 우주적 단일성 '프시케'를 경험하면서 그는 2년 후 베를린대학교로 옮겨 철학전공으로 마음을 굳힌다. 당시 베를린대학에는 저명한 철학자 피히테 교수가 있었다. 이내 피히테 교수의 관념론적 강의에 실망한 그가 청강한 과목들 중에는 철학 이외에도 광물학, 물리학, 식물학, 천문학, 지질학, 동물학, 인간의 뇌해부학 등 온갖 다양한 과목들이 들어 있었다. 우주를 향한 그의 심오한 탐구심은 놀라웠다.

『의지와 표상으로서의 세계』는 쇼펜하우어가 나이 갓 서른에 펴낸 파격의 철학서다. 젊은 철학가 쇼펜하우어는 그때까지 유럽 정신을 짓누르고 있던 전통적인 이성주의와 형이상학을 정면으로 거부했다. 이성이 숨겨오던 인간의 실존적 적나성(赤裸性)을 낱낱이 파헤친 이 책은 당시 헤겔, 피히테 등 관념주의 철학의 원로들에게 날린 도전장이나 다름없었다.

형이상학적 관념 대신 몸을 가진 살아 있는 인간의 '생명'을 파고든 해체주의는 세인들에겐 낯설었고 철학자들은 관심을 보이지 않았다. 그래도 새내기 철학가의 진지한 인간탐구서 『의지와 표상으로서의 세계』는 저자가 제도권 속에서 자신의 철학을 한 번 펼쳐볼 수 있도록 기회를 제공받는 데는 기여한 셈이다. 책이 출간되던 다음 해 1820년 쇼펜하우어는 베를린대학 철학과의 객원강사로 부임했다. 그의 사상적 자기 확신은, 원로 주임교수 헤겔과 똑같은 시간대에 나란히 강의 시간을 고집할 만큼 의기충천했지만 결국 수강생이 오지 않아 그는 강사 자리마저 지키지 못하고 10여 년 후 대학 캠퍼스를 영영 떠나고 말았다. 고독하고 괴팍한 철학가 쇼펜하우어는 72세로 생을 마감할

아르투어 쇼펜하우어

때까지 오로지 재야의 철학가로서 자신의 철학사상을 집대성하는 연구 활동에만 전념하며 고행 수도자처럼 고난의 세월을 살았다.

쇼펜하우어가 자신의 사상이 고대 인도의 정신세계에 닿아 있음을 알아차린 것은 동양학자 프리드리히 마이어로부터 인도에 관한 고대 문헌 『우프네카트』를 소개받고서부터였다. 『의지와 표상으로서의 세계』가 출간되기 4년 전이었다. 『우프네카트』는 고대 인도의 철학서인 『우파니샤드』의 페르시아어 번역본을 다시 라틴어로 번역한 것이다.

그리스 철학가 플라톤(BC 428~348)과 근대 철학가 이마누엘 칸트(1724~1804)의 사상이 『우파니샤드』와 하나의 맥으로 꿰어져 있음을 간파한 최초의 서양 철학가는 쇼펜하우어였다. 플라톤과 칸트는 생전에 『우파니샤드』를 읽을 기회가 없었다. 『우파니샤드』가 처음 라틴어로 번역된 것은 1802년에 이르러서였다. 『의지와 표상으로서의 세계』의 서문에 쇼펜하우어는 이렇게 썼다. "『우파니샤드』, 플라톤, 칸트가 없었다면 나의 학문은 없었을 것이다."

『우파니샤드』는 알려진 대로 독립된 한 권의 책이 아니라 방대한 문헌 『베다』의 일부분이다. 베다 시대의 사람들은 밖에 있는 자연현상을 있는 그대로 숭배했지만 『우파니샤드』의 현자들은 내면화의 명상을 통해 자연과 인간이 하나임을 깨달았다. 모든 신들의 배후에는 하나의 지고한 존재가 있으며, 만물의 근본 원리인 대우주의 본체 브라만과 소우주 개인의 본체 아트만이 동일하다는 '범아일여(梵我一如)의 일원론'이 『우파니샤드』의 철학이다.

범아일여(梵我一如) 우주론으로

　세계를 본래적이고 본질적인 이데아의 세계와 경험적으로 지각하는 현상의 세계로 나누었던 플라톤의 이원론은 칸트의 '현상'과 '사물 자체(Ding an sich)'로 반복된다. 우리가 지각할 수 있는 것은 현상일 뿐, 현상 뒤의 사물 자체는 선험적 세계에 속한다는 것이 칸트의 인식론이다. 칸트의 계승자 쇼펜하우어는 '사물 자체'의 자리에 인간의 '의지'를 대치했다. 몸통은 건드리지 않고 얼굴만 바꾼 칸트의 세련된 이원론이다. 내면의 무의식 속에서 약동하는 의지는 인식의 대상이 아니며 선험적으로 본래 있었던 진여(眞如)의 세계라는 것이다. 의지라는 근본 조건은 모든 생명에게 공통이지만 각각의 환경과 지성의 차이에서 표상이 다를 뿐이다. 인간의 의지 자체는 궁극적으로 욕구 충족이라는 자기 목적 이외에 다른 어떤 목적도 지향하지 않는다. 삶으로 줄기차게 난입하는 생명체의 절대 의지는 찰스 다윈의 '생존 투쟁'과 완벽하게 일치한다. "삶이 있는 곳에 의지가 있다."

　쇼펜하우어는 연구실에 은둔한 철학가가 아니라 현실의 삶에서 철학을 했다. 그에겐 일찍부터 상인의 훈련을 받던 세상 속의 체험이 있었고, 의과대학에서 공부하던 '자연과학적 인간론'의 뿌리가 있었다. 우파니샤드 현자들이 대우주의 본체와 소우주 인간의 본체가 동일하다는 것을 불립문자 영성으로 깨달았다면, 쇼펜하우어는 의지와 그것이 발현하는 표상의 관계를, 숨 쉬는 인간의 몸속에서 직관한 것이다.

"모든 것은 결국 하나다. 통일성의 본성과 통일성이 다원성으로 드러나는 근본 이유를 처음으로 설명한 사람은 나 쇼펜하우어다. 인간은 우주를 창조하고 유지하는 그 힘과 하나이다."

범아일여의 『우파니샤드』 철학은 쇼펜하우어의 정신적 지주와 같은 경전이었다.

"『베다』 한 페이지에서 배울 수 있는 것은 칸트 이후 철학자들의 저서 열 권에서 배울 수 있는 것보다 많다. 이 책은 나의 삶을 편안하게 해주었고 나의 죽음도 편안하게 해줄 것이다."

플라톤, 칸트의 이원론은 인식에는 공로가 컸지만 그것뿐이다. 쇼펜하우어는 그들의 이원론을 우파니샤드의 일원론 철학에서 통합한다. 서양의 철학가 쇼펜하우어를 인도 지성의 대변자라고 부르고, 그의 사상을 '서양의 옷을 입은 불교철학'이라고 부르는 까닭이다.

허무주의의 극복인가, 완성인가

시대의 주류 사상에 밀려 헌책방에 유폐됐던 쇼펜하우어의 저서가 대학생 니체의 눈앞에 신세계처럼 펼쳐진 것은 우연이 아니라, 인류의 정신사적 흐름 속에서 일어난 보이지 않는 역운(歷運)이었다. 쇼펜하우어가 자신의 철학사상을 제대로 펴지 못한 채 대학강단을 떠난 지 30여 년 후였고, 세상을 하직한 지 5년 후였다. 니체는 쇼펜하우어의 '맹목적 의지' 속에 웅크리고 있는 어둠을 받아들이면서도 그것의 부정적 그늘에 머물지 않았다. 역설적이지만 니체의 긍정 철학 '힘에의 의지'는 쇼펜하우어의 비관주의에서 태어났다. 쇼펜하우어의 어두운 맹목적 의지가 니체의 긍정적 '힘에의 의지'로 부활하는 철학사의 전환은 작은 일이 아니었다. '힘에의 의지'는 허무주의를 극복하는 처절한 극한의 방편이었다.

> "존재하는 것은 숨 쉬는 것이다. 존재는 '되어가는 것'이지 자기동일성을 유지하는 것이 아니다. 힘에의 의지는 보존하는 의지가 아니라 자신을 넘어서는 상승 의지다."

상승은 매 순간 극대화를 꾀한다. 생성의 과정은 영원히 끝이 없으므로 힘의 극대점은 없다. 소유론적 욕망 의지가 본성의 존재론적 '힘에의 의지'로 역동하는 상승이다. 매 순간 힘에의 의지로 충만한 사람이 니체의 '초인'일 터다.

삶이 맹목적 의지의 표상이라면, 삶은 태생적으로 어두움이다. 그래서 인간 세상을 욕계(欲界)라고 부르는가. 쇼펜하우어를 허무주의자라고 부르는 것은 어쩔 수 없다. 목숨을 다할 때까지 '힘에의 의지'에 매달린 니체는 우리에게 실존적 결단을 요구한다. 둘 중의 하나다. 허무주의적 절망에 이르던가. 최고의 긍정으로 허무를 극복하던가.

『멋진 신세계』의 저자 올더스 헉슬리가 『우파니샤드』의 철학을 모든 종교적 신앙의 원천이라고 했던 말을 음미하는 시점에 와 있다. 우주와 인간은 본질적으로 하나다. 명상을 통해 욕망 의지를 무화(無化)하고, 공(空), 무(無), 허(虛)라는 우주적 본체로 회귀할 때 허무는 극복이 아니라 완성될 수 있음인가. 허무를 완성하는 길만이 허무를 극복하는 길이라면, 『우파니샤드』에서 구원을 본 사람은 쇼펜하우어뿐이 아닐 터다.

홍혜랑

고려대학교 법학과를 졸업하고 독일 마부르크대학교 독어독문과에서 수학했다. 한국외국어대학교 독어과에서 문학석사를 마치고 고려대, 경희대, 한국외국어대 등에서 강사를 역임했다. 한국번역가협회 번역능력인정시험 출제위원과 협회 이사를 지냈다. 30여 년 동안 수필 창작에 매진하면서, 철학가들과 함께하는 철수회(哲隨會)의 창립에 동참했다. 한국수필문학진흥회 상임이사, 우리문학기림회 회장을 역임했다. 수필문우회 운영위원이며, 저서로는 수필집『이판사판』, 『자유의 두 얼굴』, 『회심의 반전』, 수필선집『문명인의 부적』, 『운명이 손대지 못하는 시간들』 등이 있다.

9

부처의 나무는 그 자체가 리좀이 된다:
질 들뢰즈의 '차이 생성'과 '연기론'

송마나

리좀은 시작하지도 않고 끝나지도 않는다. 리좀은 언제나 중간에 있으며 사물들 사이에 있고 사이-존재이고 간주곡이다. 나무는 혈통 관계이지만 리좀은 결연 관계이며 오직 결연 관계일 뿐이다. 나무는 '~이다'라는 동사를 부과하지만, 리좀은 '그리고…… 그리고…… 그리고……'라는 접속사를 갖는다.(질 들뢰즈와 펠릭스 가타리의 『천 개의 고원』 서론)

인드라망의 철학자, 질 들뢰즈

21세기는 질 들뢰즈(Gilles Deleuze, 1925~1995)의 시대가 될 것이라는

미셸 푸코의 말처럼, 그는 포스트모더니즘을 대표하는 철학자이다. 들뢰즈는 서구의 전통적인 경험론과 관념론을 해체하고 '존재의 철학'에서 '생성의 철학'으로 탈주하라고 목소리를 높인다. 낡고 위계적인 질서에서 벗어나 정주민적인 사유가 아닌 유목적인 사유를 하라고 부추긴다. 중심이 고정되지 않은 접속들의 향연, '공(空)'과 '화엄(華嚴)'의 세계로 나아가라 한다.

들뢰즈는 '생성/되기(devenir)'의 철학으로 이끌어가는 방편으로 노마디즘, 기관 없는 신체, 욕망하는 기계, 탈영토화, 재영토화 등 다양한 개념들을 열거했는데, 이것을 하나로 집약해 '리좀(rhizome)'이라 했다.

리좀은 식물학에서 대나무나 연꽃처럼 수평으로 뻗어나가는 뿌리줄기를 일컫는다. 들뢰즈가 이 단어를 철학적 용어로 사용하면서 널리 통용되고 있다. 리좀은 줄기 자체가 다른 줄기의 어디든 달라붙어 접속할 수 있고, 다른 줄기 또한 접속할 수 있다. 수목형 나무는 중심 뿌리가 있고, 그 뿌리로부터 잔뿌리들이 나오는데, 리좀은 연결된 줄기들이 서로 만나고 흩어져 제3의 것, 새로운 것을 생성한다.

나무는 중심 뿌리로부터 위를 향해 수직으로 뻗어나가는 계통적 질서를 유지하지만, 리좀은 중심이나 계층이 없이 수평으로 끊임없이 연결하고 도약하여 불교의 인드라망을 형성한다.

인드라망은 제석천을 덮고 있는 거대한 그물이다. 그 그물은 끝없는 그물코로 연결돼 있고, 그곳에는 빛나는 구슬이 달려 있어 그 빛은 서로 비추고 서로 반사하고 있다. 세상은 독자적으로 존재할 수

질 들뢰즈

없고 서로가 서로에게 작용해 중중무진(重重無盡)하는 화엄의 세계를 드러내는 것이다.

들뢰즈는 '내재성의 사유'로서 서양의 '초월적 철학'에 반기를 든다. 현상 세계는 언제나 변하기 때문에 플라톤은 세계 밖에서 모든 사물의 원인이자 본질로서 이데아를 착안했다. 그리고 이 이데아는 불변의 신으로 전이돼 서양 사회의 중심 뿌리를 형성했다. 이데아나 신은 초월적인 일자(一者)로서 우리의 삶 너머에서 세상과 만물을 창조하고, 그 창조된 주체는 세계 밖의 신을 인식해야 하고, 받들어 섬겨야 했다. 서양 철학은 모든 사유의 정초를 삶의 외부에 두었다.

하지만 들뢰즈는 존재의 근원을 삶의 외부에서 찾는 것이 아니라 삶 자체를 창조적인 역능으로 해석한다. 창조란 중심이 되는 일자로 포섭되거나 재현되는 것이 아니라 스스로 '~되기'로 생성되는 것이다. 오직 접속하는 상호간의 내재적인 관계에 의해 새로운 생성이 이루어진다. 삶 자체가 창조이고, 생명이라는 것이다. 그것은 초월적인 신에 의해 일회적으로 이루어졌다는 서양의 창조와는 달리 조건에 따라 다른 것으로 생성된다는 불교의 연기법에 바탕을 둔 인드라망에 닿아 있다.

"부처의 나무는 그 자체가 리좀이 된다."

들뢰즈가 『천 개의 고원』에서 한 말이다. 리좀, 그것은 고정된 뿌리(본질)가 없이 줄기 자체가 다른 것(외부)과의 접속에 따라 발생과 변형을 일으켜 각각 뿌리 역할을 한다. 즉 리좀은 출발이나 기원, 끝이나 종말에 관한 사유가 아니라 중간에서 각각 다르게 형성되는 '차이의 생성'이라 할 수 있다.

들뢰즈는 차이를 생성하는 존재의 특성을 양태(mode)라고 말한다. 그런데 그 양태는 고정되지 않고 항상 관계 속에서 변화한다는 것이다. 동일한 원인은 존재할 수 없고, 설령 동일한 원인이 가능하더라도 그 과정은 결코 같을 수 없다. 기원이나 동일한 존재라고 여기는 대상이 반복될 때, 그것은 언제나 다르게 반복되어 생성되기 때문이다. 따라서 원인과 결과는 존재할 수 없고, 오직 현존을 뚫고 지나가는 과정만이 존재하게 된다. 이렇듯, 차이를 바탕으로 하는 들뢰즈의 '생성존재론'은 "모든 것은 연기적인 조건에 따라 다른 것으로 바뀔 수 있다."는 용수(龍樹)의 사상과 흡사하다.

용수보살은 연기법(緣起法)에 대해 "이것이 있음으로써 저것이 있고, 이것이 일어남으로써 저것이 일어난다. 이것이 없으면 저것이 없고, 이것이 없어지면 저것도 없어진다."라고 설법했다. 삼라만상은 독자적으로 있을 수 없고, 반드시 상호의존의 관계 속에서 생기기도 하고 없어지기도 한다. 연기에 의해 무엇인가가 생성되어 '있다'라는 것은 고정되어 불변하는 것이 아니라 '임시'상태에 있음을 뜻한다. 이것은 모든 사물은 홀로 존재할 수 없는, 자성(自性)이 없다는 것이다. 용수보살의 말에 의하면 모든 존재는 무자성(無自性)이며 공(空)이라는 것이다.

존재는 서로 다른 것과 의존적인 관계를 맺으며 인대(因待)하기 때문에 그 자체로는 존재한다고 말할 수 없다. 하지만 언어나 개념으로 인식되는 현상 세계는 연기에 의한 상대적 세계가 펼쳐지고 있다. 따라서 연기론은 '있다(有)'라고도 '없다(無)'라고도 할 수 없는 공(空)으로 포섭된다. 모든 것이 공하다는 것은 존재가 이미 서로 관계를 맺고 있다는 연기를 내포하고 있기 때문이다. 이런 까닭에 들뢰즈의 차이의 생성과 불교의 연기론은, 존재들은 다른 대상들과 만나 끊임없이 세워지고 부서지면서 연속적인 변주를 하고 있다고 한다.

부처의 나무는 한 점으로 뿌리를 내려 정착하지 않고, 하나의 물결이 또 하나의 물결과 어우러져 강물처럼 흘러간다. 연기적인 조건에 따라 생성되는 리좀, 바로 부처의 나무이다.

붓다-되기, 과연 인간은 붓다가 될 수 있을까?

'-되기'는 존재가 아니라 하나의 존재에서 다른 존재로 '되는' 것이다. 확고한 것에 뿌리를 박는 것이 아니라 그것에서 벗어나 탈영토화하는 것이다. 뿌리가 아니라 리좀으로, 그것은 연속적인 결연을 통해 이루어진다.

들뢰즈는 관계 속에서 존재하는 인간을 '기계(machine)'로 비유한다. 기계란 스스로 움직이지 못하고 다른 부품과 접속하고 결합하는 것에 따라 다양한 물건이 만들어진다. 인간 역시 접속하는 항에 따라 기계처럼 다른 욕망이 작동된다. 입이 성대와 접속하면 말하는-기계, 음식과 접속하면 먹는-기계, 성적 리비도와 접속하면 섹스-기계가 된다. 욕망이 이끄는 방향으로 문턱을 넘는 것이 '-되기'이다. 들뢰즈는 인간의 욕망을 프로이트처럼 성적으로, 가족 간의 엄마-아빠-나의 오이디푸스적인 관념으로 보지 않고, 접속하는 대상에 따라 새로운 방향으로 나아가는 창조적인 에너지의 흐름으로 해석한다. 욕망이란 고정된 본성을 갖지 않은 자유로운 무의식으로, 이것을 '기관 없는 신체'라고 명명한다.

'기관 없는 신체'는 하나의 중심, 하나의 일자로 귀속하지 않고 접속된 항에 따라 다양한 형태로 뻗어나간다. 하여 들뢰즈는 인간을 복수성을 지닌 '다양체(multiplicities)'라고 한다. 이것은 불교의 인간에 관한 해석과 유사하다. 인간은 오온(五蘊)과 12처(處)와 18계(界)의 작용으로 이뤄져 있다. 오온은 색(色, 물질), 수(受, 감각), 상(想, 지각), 행(行, 경향성), 식(識, 의식)의 다섯 가지 요소들의 쌓임이다. 12처는 안이비설신의(眼耳鼻舌身意)의 여섯 가지 근(根)과 색성향미촉법(色聲香味觸法)의 여섯 가지 경(境)으로 이뤄진다. 18계는 12처에 6식(眼識, 耳識, 鼻識, 舌識, 身識, 意識)을 합한 세계를 의미한다. 이처럼 인간은 다양한 요소들로 연결된 다양체의 집합이라 할 수 있다.

또한 들뢰즈는 다양체로 이루어진 인간은 강밀도(intensities)의 분포에 따라 신체가 열린다고 말한다. 강밀도는 관계 속으로 흘러가는 운동이나 속도로, 동양사상의 사물을 형성하는 기(氣)의 집중과 분산을 떠올리게 한다. 강밀도가 0일 때, 신체는 알(egg)의 상태가 된다.

들뢰즈는 이 탄드라적 알에서 생성되는 흐름을 '동물-되기'로 표현한다. 영토란 동물들이 사는 삶의 터전이다. 동물은 무리, 패거리,

개체군 등으로 서식이 복수성의 형태로 존재하고, 전염병 역시 유전에 의한 계통과는 상관없이 이웃으로 전염되기 때문이다. 하나의 양태로 존재한다는 것은 접속된 다른 양태들에 의해 새로운 양태로 변용되며, 그 안에는 모든 양태들을 함축하고 있다. 의상대사의 '법성계(法性界)' 한 구절을 떠올리게 한다.

하나 속에 일체가 있고, 여럿 속에 하나가 있어　一中一切多重一
하나가 곧 일체요 여럿이 곧 하나다.　　　　一卽一切多卽一
한 티끌 속에 시방세계가 담겨 있고　　　　一微塵中含十方
일체 모든 티끌 속에도 또한 그러하다.　　　一切塵中亦如是

하나가 일체요, 일체가 하나라는 법구는 시작과 끝을 확정 지을 수 없다는 것이다. 한 티끌과 시방세계는 강밀도의 연속체로서, 그것은 어떤 양태로도 변용될 수 있는 무궁한 실재적인 과정이다. 이는 모든 존재와 현상들은 서로 끊임없이 연결돼 있으며, 그대로가 바로 불성(佛性)을 드러내고 있다는 화엄사상 아닌가.

'동물-되기'란 실제로 동물이 되는 것이 아니다. 동물을 통해 자신의 신체와 감각을 변용시키는 것이다. 여성-되기, 흑인-되기는 여성이나 흑인이 되는 것이 아니라 남성 중심적, 백인 중심적 사유에서 벗어나 공생의 관계로 감응하여 나아가는 것이다.

우리는 일상에서 요가나 권법으로 동물-되기를 스스럼없이 하고 있다. 뱀이나 사마귀, 학의 신체적 모습을 따라 사권(蛇拳), 당랑권(螳螂

拳), 학권(鶴拳) 등으로 동물-되기를 하며 신체를 단련하고 있다. 하물며 우리 마음이야, 이미 '부처-되기'에 연결돼 있는 것 아닌가.

송마나

전남여고와 이화여자대학교 외국어교육학과(불어)를 졸업했다. 2016년 『에세이문학』에서 수필, 2017년 『한국산문』에서 평론으로 등단했다. 『에세이문학』에 「신화 속, 여인들은 이렇게 말했다」, 『현대불교신문』에 「송마나의 시절인연」을 연재하고 있다. 수필집으로 『하늘비자』가 있다.

10
중관中觀 사상에 나타난 비트겐슈타인의 언어관:
비트겐슈타인과 불교

맹난자

　루트비히 비트겐슈타인(Ludwig Wittgenstein, 1899~1951)은 1999년 『타임』지가 20세기에 영향력을 끼친 100명을 뽑을 때, 철학자 중 유일하게 선정된 20세기 최고의 분석철학자다.

　분석철학은 철학적인 문제들을 일차적으로 언어분석의 문제로 이해하며 명제의 논리적 구조를 분석하고 의미의 명료화를 통해서 접근한다. 비트겐슈타인은 『논리철학논고』에서 '모든 철학은 언어의 비판'이라고 언표했다. 왜냐하면 철학이란 결코 생각하는 바에 관한 것이 될 수 없고, 생각하는 바를 표현하는 것에 관한 것이므로 언어와 그 논리에 대한 연구일 수밖에 없다는 것이다.

　고대 그리스철학에서는 언어가 실재를 재현할 수 있다고 한 반면,

서양의 중세철학에서는 언어는 실재를 재현하는 것이 아니라 인간의 주관적 표상을 반영할 뿐이라는 유명론(唯名論)을 내세웠다. 이때 대두된 보편 논쟁은 어떤 단어의 의미, 즉 그것의 보편적인 개념에 상응하는 실재가 존재하느냐에 관한 언어철학적인 논쟁이기도 하였다.

18세기와 19세기에 활동한 헤르더와 훔볼트에 의해 일어난 '언어적 전환' 이후 현대철학에서 언어는 철학의 중심적인 주제가 되었다.

비트겐슈타인은 전통적인 철학적 문제들, 즉 심신 문제, 다른 마음의 문제, 회의주의의 문제, 외부세계의 문제, 보편자의 문제 등에 대해서 이러한 문제들이 난센스임을 지적함으로써 해소시키려고 했다. 철학적 문제란 언어의 논리가 잘못 이해되었기 때문에 생기는 것이라며 철학자들이 언어의 논리가 허용하는 범위를 넘어선 곳에서 언어를 사용하기 때문이라고 지적했다. 그의 목표는 혼란을 없애고 오해를 제거하자는 것이었다. 만약 철학자들이 언어를 오해하지 않게 된다면 그들은 할 일이 더 이상 아무것도 없을 것이라고 언급하며 "철학자들이 만드는 대부분의 명제들과 질문들은 우리 언어의 논리를 이해하지 못한 데서 생긴다."(TLP, 4003)고 적고 있다.

그렇다면 그가 지적한 '오해'란 무엇인가?

"언어적 전환 이후의 서양 현대의 언어철학은 불교의 입장에서 언어를 고찰할 경우에도 진지하게 고려해야 할 만한 통찰들을 담고 있다고 생각한다."는 박찬국 교수의 글(『언어, 진실을 전달하는가 왜곡하는가』)에 자극을 받아 『비트겐슈타인과 불교』를 구해 펼쳐 들었다.

이 책의 저자 크리스 거드문센(영국 버밍햄대학교 인도종교학과 교수)은 러

셀과 아비다르마(붓다 입멸 후 약 300~900년경의 학승들이 붓다의 말씀, 즉 '법法'에 관한 주석과 논의를 아비다르마란 이름으로 논장論藏의 형태를 갖추어 정리한 것) 그리고 비트겐슈타인의 후기 언어철학과 중관 사상(인도의 학승인 용수의 저술 『중송中頌』에 나타난 공空 사상을 철학적으로 밝힌 것)을 비교하고 있는데 동서양의 철학 사상이 동일한 결론을 보이며, 그들의 문제가 유사한 언어관으로부터 비롯되었다는 점을 명시하고 있다.

언어에 대한 회의와 부정(否定)은 일찍이 불교와 노자의 '도가도비상도 명가명비상명(道可道非常道, 名可名非常名)'이라는 도가사상에서도 살필 수 있었다. 중관(中觀)학파의 핵심 개념은 공(空) 사상인데 이는 용수(Nāgārjuna, AD 2세기)에 의해 확립되었다. 인도의 철학자 용수와 비트겐슈타인의 사상은 여러 측면에서 유사성을 지닌다. 즉 '언어는 하나의 도구다.' 다르마(dharma : 법法에 해당하는 산스크리트어. 고대 인도인은 자연의 질서, 우주가 유지되는 원칙을 표현했다. 다르마는 속성, 본질, 요소, 현상 등의 다양한 의미를 지칭하는데, 불교에서는 붓다의 가르침, 진리를 일컬음)는 공(空)이다. 언어가 표현하는 개념들은 도구들이라고 하는 것 등이다.

낱말들의 의미는 그것들이 지칭하는 대상이 아니라 '낱말들의 사용'이라는 점이 비트겐슈타인의 주장이다. 그에 있어서 언어의 의미란 어떤 대상에 붙어 있는 인식표시 같은 것이 아니다. 예를 들면 '망치'란 낱말은 뒤의 문장에 따라 흉기가 될 수도 있고 이로운 도구가 될 수 있듯이 언어의 의미는 우리가 낱말들이 어떻게 사용되는가를 발견함으로써 드러난다는 것이다. 즉 우리는 어떤 낱말이 사용되는 언어 – 놀이 내의 어떤 명제에 적합하게 들어맞는가를 추적함으로써

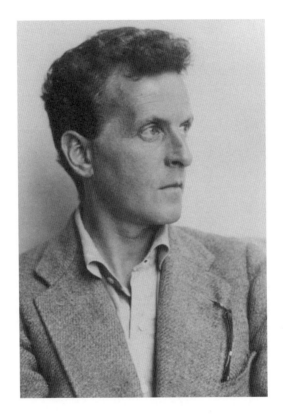

루트비히 비트겐슈타인

그 낱말의 의미를 알 수 있다고 한다. 그러나 우리는 한 기호를 사용할 때, 마치 한 대상이 그 기호와 더불어 존재하기를 기대한다. 이렇게 되는 오류는 우리가 항상 '이름'들에 대응하여 실재하는 대상을 찾기 때문이다. 그러나 낱말들이 표상하는 본질이란 존재하지 않는다고 하는 점이다.

비트겐슈타인과 대승불교에 있어서 사실적 대상들은 아무것도 지칭하는 바가 없는 공허한 이름뿐, 대상적 내용을 갖지 않는 기호일 뿐이라는 견해다.

『능가경』에서 붓다는 대혜에게 이렇게 말한다.

> "지칭하는 대상이 없을지라도 낱말들은 존재한다. 예를 들면 토끼의 뿔, 거북의 털, 석녀(石女)의 아이 등. 이러한 것들은 이 세상에 존재하지 않지만 그러한 언어적 표현들은 존재한다. 대혜야! 그것들은 존재도 아니요, 비존재도 아니지만 언어로 표현되는 것이다."(여기서 비트겐슈타인은 언어는 아무런 의미상의 손실 없이 비언어적 행위들로 대치될 수 있다고 한다.)
>
> 대혜야! 언어란 사람들에 의해 만들어진 것일 뿐이다. (…) 어리석은 자들은 세계를 토막내어 서로 다른 이름을 붙여 대상화한다. 이러한 행위를 '분별'이라 부른다. 어리석은 자들은 이름들과 개념들과 기호들에 집착한다. (…) 수많은 대상들이 존재한다고 여기는 그릇된 관념[편견]을 가지고 현상에 집착하게 되는 것이다. (…) 대혜야! 그대는 언어 분별의 여러 양상으로부터 스

스로 벗어나도록 힘써 노력해야만 된다."(『비트겐슈타인과 불교』, 106쪽)

대승불교, 특히 중관 사상[용수의 쫓]의 경전에서는 "만물이 모두 환영(幻影)에 불과하다."고 적고 있다. 비트겐슈타인은 여기서 환영이란 우리를 철학적으로 골목에 몰아넣는 '편견'을 의미한다며, "철학이란 우리의 지성에 걸린 마술에 대하여 언어를 무기 삼아 대항하는 전투와 같다."고 표현한다.

불교에서는 처음부터 우리의 언어가 실재를 있는 그대로 반영한다는 것에 대해 회의적이었다. 불교는 언어적 분별을 허망분별이라고 보는데 그 이유는 그 분별에 상응하는 실재가 따로 있지 않기 때문이다. '나'라는 명칭에 상응하는 나의 자성(自性)이 따로 있지 않다. 요컨대 비트겐슈타인과 중관학파 사상의 핵심은 '자아'라는 용어가 무엇인가를 지칭하는 '이름'이 아니라는 공통점을 가지고 있다.

비트겐슈타인 "'나'라는 낱말의 뜻은 비록 내가 L·W(루트비히 비트겐슈타인)이지만 L·W라는 고유명사의 뜻과 같지 않으며, '지금 말하고 있는 사람'을 뜻하지도 않는다. 그러나 그렇다고 해서 'L·W'와 '나'라는 낱말이 서로 다른 대상들을 지칭하지는 않는다. 이러한 사실이 뜻하는 바는 우리의 언어에 있어서 '나'라는 낱말의 기능이 색다르다는 점이다. '나'라는 낱말은 어떤 사람의 이름이 아니다."

반야바라밀다 "수보리 : 나는 '보살' '반야'라는 낱말들이 무엇을 지칭하는지 알지 못한다. 나는 어느 보살에게 어떤 반야를 가르치고 권고해야 하는가?"

"우리들은 '나' '나의 것' 혹은 '나는 ⋯⋯이다'라고 말하지만 이러한 말들이 가리키는 어떤 다르마도 존재하지 않는다."(『비트겐슈타인과 불교』, 137쪽)

우리가 '나'라는 낱말을 무언가를 지칭하는 이름으로 생각하지만 '나'라는 낱말은 기실 아무것도 지칭하지 않는다는 것이다.

오래전 일이다. 박종홍 교수가 하이데거를 찾아가 실존철학에 대해 물었을 때, 그는 『금강경』을 보라고 답했다. 하이데거는 존재 이해가 어떻게 일어나는가를 실마리로 하여 언어의 본질을 파악하려고 한 철학자다. 당시를 휩쓸던 카뮈와 사르트르의 실존주의 철학, 거기에 고취되어 1960년 『금강경』 대학생 법회를 정각사에 개설했다. 김동화 박사를 모시고 청강하게 되었는데 동어반복으로 계속되는 'ㅇㅇ는 ㅇㅇ이 아니므로 ㅇㅇ이다'라는 이해난득의 명제들이 잘 이해되지 않았었다. 하이데거가 왜 『금강경』을 보라고 했는지 이제 이해가 되는 대목이다.

> 수보리야! 저들은 중생도 아니요, 중생이 아님도 아니다. 무슨 까닭일까? 수보리야. 중생, 중생이라 한 것은 여래가 말하기를 중생이 아니므로 중생이라 이름하느니라.(『금강경』 제21 非說所說分)

중생은 바로 중생의 본질이 아닌 까닭에 중생이라 이름한다는 것이다. 중생이라고 이름 지어진 것일 뿐, 중생의 본질·성품 그와 같은 것은 처음부터 없었다는 무아(無我)를 함의하고 있다.

> 수보리야! 착한 법이라는 것은 여래가 말하기를 착한 법이 아니므로(卽非善法일새) 착한 법이라 이름하느니라(是名善法이니라).(『금강경』제23 淨心行善分)

'즉비(卽非) 시명(是名)'을 들어 공(空)의 이치를 말하는 『금강경』의 요체가 비트겐슈타인의 '의미지칭 이론'에 닿아 해독(解讀)하는 기쁨을 누린다.

'다르마도 공(空)이다.' 법도 비법(非法)도 이름뿐이다. 왜 그런가? 법이라 부르는 것조차 하나의 이름일 뿐이기 때문이다. 붓다는 『전유경(箭喩經)』에서 분명히 말씀했다.

"나의 설법은 뗏목과 같은 줄 알아라. 법도 버려야 하거늘 하물며 법(法) 아닌 것이랴."

법이라는 이름도 하나의 도구라며 비트겐슈타인은 명칭과 사물을 동일시하는 언어의 문제점을 지적한다. 이미 용수도 설했다. "'법에는 자성(自性)이 없다.' 만약 그대가 모든 법에는 결정코 자성이 있다고 본다면 모든 법에는 인(因)도 없고 연(緣)도 없다고 보는 것이다. (…) 만약 모든 법이 인과 연에서 발생한다면 자성은 있지 않다. 그러므로 법들이 자성이 있다면 인과 연이 생겨날 수 없다."고 지적한다.

모든 존재와 현상은 독립적으로 생기거나 일어나지 않고 많은 원인과 조건의 관계 속에서 일어나므로 고정된 실체가 없다. 실체 없음을 공(空)으로 표현한다. 이와 같은 법공(法空)은 법유(法有)의 오류를 시정하면서 나타난 사상이다. 용수의 주요 개념은 무자성(無自性), 공(空), 중도(中道), 얻을 수 없는 불가득(不可得)이다. 왜 불가득인가? "모든 법[존재]은 자성이 공하기 때문에 '자성은 본래 불가득'이라고 한다."(『대반야경』권9)

비트겐슈타인도 『철학적 탐구』에서 말한다.

"바보스럽고 가르침도 받지 못한 중생들은 다르마[法]들을 그대로 받아들인다. 다르마들이 존재하지 않음에도 불구하고 중생들은 그것들을 꾸며낸다. (…) 철학적 난문제들은 우리가 꾸며낸 헛된 문제들에 불과하다. 우리가 사정을 올바로 보게 되면[空觀] 그러한 난문제들은 마술처럼 사라진다." 그리하여 "철학이 할 수 있는 모든 것은 우상들을 파괴하는 것이다. 그리고 이것은 어떤 새로운 우상들도—가령 '우상들이 없는 상태'로부터—만들지 않은 것을 뜻한다."(『비트겐슈타인과 철학』, 17쪽)며 철학이 자비롭게 파괴적이라고 생각한다. 그리고 자신의 철학적 임무는 "파리에게 파리 병으로부터 나오는 길을 보여주는 것"이라고 언명한다.

용수와 비트겐슈타인이 다 같이 경계한 것은 언어의 개념화다. 용수는 연기설에 기반한 공(空) 사상을 직시, 희론(戲論)을 깨달으면 현실적인 고통도, 문제의식도 말끔히 소제된다는 것이다. 희론(戲論)이란 '프라판차(prapañca)'를 번역한 것으로 '언어의 허구'를 뜻한다. 언어의 개념화로 빠지게 되는 허구, 즉 '희론'을 경계한다. 왜냐하면 번뇌의 뿌리가 되는 '분별'이 바로 희론에서 발생하기 때문이다. 그러므로 비트겐슈타인도 사물들을 바라보는 방식을 바꾸라고 한다. 희론을 올바로 보는 것이 파리가 갇혀 있던 병에서부터 빠져나오는 길임을 제시한다. 불교에서는 인간의 몸과 정신적 요소인 '오온이 공(空)한 것을 조견(照見)하면 일체의 고액(苦厄)으로부터 벗어난다'고 한다. 모두 삶의 문제를 위한 해답이다. 문제를 없애지 않고 희론을 바로 보라는 것이다.

비트겐슈타인은 『논리철학논고』에서 "삶의 문제를 해결하기 위해선 그 문제가 사라지는 방식으로 살아야 하며, 이를 위해서는 삶의 형식을 바꿔야 한다."고 주장한다.

한 시대의 병은 사람의 '양식변화'로 치유되며 한 사람의 '사유'가 삶의 양식 변화를 일으킨다며 그렇게 삶을 변화시켜야 진짜 철학이라고 그는 언급한다.

그가 형들의 죽음(세 명의 자살)을 목도하면서, 전쟁의 포화 속에서 치열하게 추구했던 언어, 논리, 죽음과 삶의 의미 등은 궁극적으로 자신의 실존적 문제를 해결하기 위한 것이었다.

오스트리아에서 철강 사업을 하는 아버지로부터 막대한 재산을 물려받았으나 가족과 친지에게 모두 나눠주고 철저한 무소유로 수도승처럼 살았으며 '멋진 삶을 살았노라'는 열반송 같은 말후구(末後句)를 남겼다.

그의 삶을 변화시킨 건 '사유'를 통한 언어적 오류에서 벗어난 통찰이다. 낱말들이 표상하는 본질이란 존재하지 않는다는 것. 그리고 모든 것은 이름뿐, '다르마도 공(空)'이라는 깨우침을 재삼 확인하며 아득히 60여 년 전의 '『금강경』 회상(會上)'에 잠겨본다.

맹난자

이화여자대학교 국문과와 동국대학교 불교철학과를 수료했다. 1969년부터 10년 동안 월간 『신행불교』 편집장을 지냈으며, 1980년 동양문화연구소장 서정기 선생에게 주역을 사사하고 도계 박재완 선생과 노석 유충엽 선생에게 명리를 공부했다. 2002년부터 5년 동안 수필 전문지인 『에세이문학』 발행인과 한국수필문학진흥회 회장을 역임하고, 『월간문학』 편집위원과 지하철 게시판 『풍경소리』 편집위원장을 지냈다. 저서로는 수필집 『빈 배에 가득한 달빛』, 『사유의 뜰』, 『라데팡스의 불빛』, 『나 이대로 좋다』, 선집 『탱고 그 관능의 쓸쓸함에 대하여』, 『까마귀』가 있으며, 작가 묘지 기행 『인생은 아름다워라』, 『그들 앞에 서면 내 영혼에 불이 켜진다』, 『주역에게 길을 묻다』, 『본래 그 자리』, 『시간의 강가에서』, 한 줄로 읽는 고전 『하늘의 피리 소리』 등이 있다.

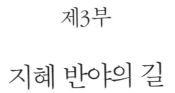

제3부

지혜 반야의 길

11

서구에 선불교를 알리다:

스즈키 다이세쓰鈴木大拙의 삶과 학문

이광준

스즈키 다이세쓰의 삶

스즈키 다이세쓰(鈴木大拙, 1870~1966) 박사는 1870년 일본의 가나자와시(金澤市)에서 4남 1녀 중 막내아들로 출생하여 1887년에 이시가와(石川) 전문학교 초등중학교를 졸업하고 제4고등중학교 예과 3학년에 편입학한 후 노토(能登)와 이시가와의 소학교 고등과 영어교사로 일하였다. 그리고 21세 되던 1891년에 와세다대학의 전신인 도쿄전문학교(東京專門學校)에서 영문학 공부를 하던 중 가마쿠라(鎌倉)의 엔가쿠지(圓覺寺)로 가서 이마키타 고센(今北洪川)으로부터 선(禪) 수행에 열중하다가 도쿄제국대학 선과(選科)에 입학하였다. 그리고 22세 되던 1892년, 이마키타의 뒤를 이어 샤쿠 소엔(釋宗演)이 엔가쿠지 관장으로 취임하자 계속해서 그로부터 선 수행에 열중하면서 불교, 서양 철학 등에 관한 책들을 광범위하게 섭렵하였다.

23세 되던 1893년에는 샤쿠 소엔이 미국의 시카고 만국종교회의에 출석하게 되자 그 강연 원고의 영역을 담당하고, 25세 되던 1895년 12월 8일에는 접심(接心)으로 견성(見性)을 인가받았다. 그리고 27세 되던 1897년 미국 시카고 교외의 오픈코트 출판사의 폴 캐루스에게 가서 잡지 편집과『노자도덕경』의 영역들을 도와주면서 그의 문하생으로 11년간 머물렀다.

1900년에는『대승기신론(大乘起信論)』을 영역하여 출간하고, 1905년에는 샤쿠 소엔의 미국 강연을 통역하며 동부지방을 순회하고, 계속해서『대승불교개론(大乘佛敎槪論)』을 영국에서 출판하였으며, 1908년 프랑스, 독일, 스위스를 거쳐 1909년에 고국을 떠난 지 14년 만에 일본으로 돌아왔다.

귀국하고 곧 가쿠슈인(學習院)과 도쿄제국대학 강사로 영어를 가르치고, 40세 되던 1910년 가쿠슈인 교수가 되었으며, 41세 되던 1911년에 베아트리스 레인과 결혼하였다.

1914년에는 영국인 로버트슨 스콧이 운영하는『뉴 이스트(New East)』지에 선 논문을 연재하기 시작하고, 51세 되던 1921년 교토의 오타니(大谷)대학으로 초빙되면서 이때부터 영문 잡지『이스턴 부디스트(The Eastern Buddhist)』를 창간하는 등 본격적인 연구 생활이 시작되었다.

63세 되던 1933년이 되어서야 오타니대학에서 「능가경의 연구」로 문학박사 학위를 받고, 1936년에는 외무성 촉탁 교환교수로 영국과 미국의 대학에서 '선과 일본문화'를 주제로 강의를 하고 귀국하였다. 1946년에는 기타가마쿠라(北鎌倉)의 도케이지(東慶寺) 산 위에 자신과 부인의 장서들을 모아 놓은 마쓰가오카문고(松ヶ岡文庫)를 설립하였다.

1949년 일본 학사원(學士院) 회원이 되었으며 문화훈장을 받고, 또 미국으로 들어가 록펠러재단의 위촉으로 하버드, 예일, 프린스턴, 컬럼비아, 시카고 등의 여러 대학에서 불교철학을 강연하였다. 이어서 1952년까지 하와이, 컬럼비아, 클레어몬트 대학 등에서 강의를 하고 84세 되던 1954년에 컬럼비아대학 객원교수로 있다가 1955년에 『스즈키 다이세쓰 선집(鈴木大拙選集)』(전26권)으로 아사히(朝日)문화상을 수상하였다. 박사는 다시 미국으로 가서 컬럼비아대학과 케임브리지, 하버드대학 등에서 강의를 계속하다가 90세 되던 1960년 오타니대학이 주최한 90세 축하연에 참석하였고, 가마쿠라의 자신의 문고가 있는 곳에서 연구 생활을 계속하였으며, 96세가 되던 1966년 타계하였다.

스즈키 다이세쓰의 심리선관

박사는 말한다. 종교는 어떠한 종교이든 '아(我)'라는 것은 없애야 한다. '아'가 있으므로 여러 가지 어려운 일이 생기는 것이다. '아'를

스즈키 다이세쓰

없애 버리면 거기에 참다운 종교의 빛도 나타나게 되는 것이다. 선가에서는 교외별전(教外別傳), 불립문자(不立文字)라는 것을 부르짖고 있는데, 교외별전과 불립문자라는 것을 오늘날의 철학자나 종교자들이 사용하는 말로서 표현하자면 신비적 체험이 된다. 가르침 외에 따로 전했다는 뜻으로 여러 가지 다른 가르침은 있으나 그런 것들에 의하지 않고 따로 석존의 정신을 전하는 것, 바로 그것을 신비주의라고 하는데, 이것을 교외별전, 불립문자라는 말로 표현한 것이다. 이것을 달마가 전한 것이다. 중국의 불교사에 있어서 선종은 교외별전이기 때문에 선종에는 공안(公案)이 있을 뿐이라고 말한다.

신비적 체험은 언제나 새로운 것을 만들어내는 동기가 된다. 새로운 운동이 생겨나는 근원은 아무래도 주지주의가 아니라 신비적 체험이라야 한다. 신비적 체험이란 어떤 것인가. 사람의 마음의 작용에는 이론으로 설명하기가 어려운 하나의 체험이 있다. 그 체험을 거치지 않으면 인간은 생명이 없는 형식이 되고 만다. 체험에 의해 그 자체도 변한다. 그래서 생명이 흐른다.

『능가경』에서는 다음과 같은 종교의 본체(本體)를 설명하고 있다.

"종교에는 종통(宗通)과 설통(說通)의 두 가지가 있다. 종통이란 신비적 체험이며, 설통은 논리적 설명이다. 그래서 종교에는 이 두 가지가 있지 않으면 안 된다."

이것이 언제나 서로 상부상조해 가지 않으면 안 되지만, 그것들이 꼭 병행해가지는 않는다. 그래서 자기가 출발점이 되고 아울러 귀착점이 되는 것이다. 결국은 그 자신의 주관으로 결정하는 것이 된다.

따라서 선의 극치는 심리적 방면에 있어야 한다. 즉 신비적 체험 위에 있어야 하는 것이다. 이 심리적 체험에 선의 생명이 있는 것이며, 이것이 선의 근본이다. 그것이 이른바 교외(敎外)이다. 다시 말하면 선은 언제나 자기로 돌아오는 것이다. 그래서 선을 해석할 때는 설명을 심리학에서 구하지 않으면 안 된다. 이것이 오늘날 심리학적으로 본 선(禪)이라고 말한다.

스즈키 다이세쓰의 학문

스즈키 박사의 저술 목록에는 저작과 역본을 합하면 『선의 연구』를 비롯한 100여 종의 저술이 있으며, 영문 저작으로는 『대승기신론』을 비롯한 30여 종의 저술이 있다.

박사의 저술에 속하는 이러한 책들의 밑바탕을 이루는 것은 박사의 선 체험의 탐구이다. 『자력과 타력』 등의 정토진종의 교리를 쓰면서도 선사상의 안목으로 해석하는 것이고, 달마 연구에 있어서도 선 경험에 입각한 사상사를 쓰고 있다. 박사는 일본 선을 사상적으로 관찰할 때 도겐(道元)의 선, 하쿠인(白隱)의 선, 반케이(盤珪)의 선, 이 세 가지의 사상적 유형이 있다고 지적하고 있으며, 무심(無心)을 논한 연구에서는 무심의 경지를 체득하지 못하고는 아무래도 그림의 떡 같은 것으로 그 사상의 근저를 잡을 수 없다고 말한다. 그리고 「일본적 영성(日本的靈性)」에 대한 연구는 일본인의 종교적 체험의 세계를 묘사해 놓은 것으로 볼 수 있고, 「임제(臨濟)의 기본사상(基本思想)」에 대한 연구는 기존의 중국 선사상에 깊고 그윽함을 더해 놓고 있다.

말하자면 박사의 논설은, 선은 스스로 체험을 통하여 파악하지 않으면 안 된다는 점을 몸으로 규명하고 내면으로 들어가 그 사상을 본다고 하는 심리선적 입장에 있는 것이다. 한편 스즈키 박사의 세계불교사적인 업적은 영문 저술로 서구인들이 보고 읽을 수 있도록 연구성과를 저술 혹은 강의로 수없이 많은 발표의 기회를 가진 것이라 할수 있다.

스즈키 박사는 그의 저서 『선(禪)』에서 말한다. 선은 선이 무엇인지를 이해하는 것만이 아니라 스스로 체득하지 않으면 안 되는 것이다. 그런데 그 이해한다고 하는 것도 이것은 시대와 장소에 따라서 어느 정도는 그 표현에 변화가 있는 것임을 깨닫지 않으면 안 된다. 선이 무엇인지를 해외에 알리기 위해서는 중국문 또는 일본 문적 표현 그대로는 바람직하지 않다. 영문의 선(禪)은 그 표현법에 있어서 고래의 '선록(禪錄)' 그대로의 것과는 상당한 간격이 있기 때문에 도리어 선의 견해에 대해서 무엇인가 새로운 것을 제출할 수 있는 것이 되어야 하는 것이다.

선(禪)은 중국에서 발전하고 완성된 영성적 산물이다. 그래서 중국문의 표현법, 중국 민족의 심리적 특성 위에 선의 묘처(妙處)가 유감없이 드러나 있다. 그것을 다른 민족의 표현법으로 옮겨 놓으면 그 묘처는 충분히 맛볼 수 없게 된다. 그러므로 우리들은 언제나 마음을 넓혀서 가슴을 열고 이색(異色), 이질(異質)의 문화이건 정서적인 문제 같은 문제를 받아들일 준비를 하고 있지 않으면 안 된다. 그러므로 스즈키 박사는 선도 또한 종래의 형식에만 매여 있을 것이 아니라 원문의 묘처, 장점이 희생되더라도 이것을 다른 사람이 알 수 있도록 먼저 그 훈련을 하지 않으면 안 된다고 말한다.

이러한 안목으로 서구에서 불교의 교리를 설명하고 선사상을 저술해 나가는 스즈키 박사의 접근 방법은 서구인들, 특히 서구 심리학자들의 눈에는 인간, 특히 인간의 심리적인 문제를 이해하고 해결해가는 과정에서 매우 중요한 시사점을 발견하면서 지식인들을 중심으로 한 선에 대한 관심은 국제화되어가는 계기를 맞게 되었다.

이로부터 나타나는 것이 1957년 멕시코국립대학에서 열린 에리히 프롬, 스즈키, 드 마르티노의 '선과 정신분석' 학술회의, 선에 대한 칼 구스타브 융(C. G. Jung, 1875~1961)의 심리학적 평가 등인 것으로 세계의 지식인들, 특히 심리학계나 정신의학계의 학자들 중심으로 세계화되어 가는 것이다. 예컨대 융은 스즈키 박사의 『선불교 개론(Introduction to Zen Buddhism)』의 서문에서 이렇게 밝힌다.

"최근 수십 년 사이에 쓰인 책으로 살아 있는 불교를 이해하는 데 가장 큰 기여를 한 것이 스즈키 다이세쓰의 선불교에 관한 저술이다. 스즈키 박사는 선을 서구인들이 이해하기 쉽게 했을 뿐만 아니라 그 저술을 통해 독특한 표현 방식을 개발했다는 점을 고맙게 생각한다."

여기에서 융이 지적하는 포인트는 '독특한 표현 방식'에 있는 것으로, 즉 선적 표현을 심리학적 안목으로 설명한다는 점이다. 예를 들면, 스즈키가 깨달음이라는 선의식은 무의식을 들여다보는 것이라고 설명하듯이, 이러한 개념을 융은 깨달음이란 빛의 형상(figures of light)을 상상하는 것이 아니라 어둠을 알아차림으로써 얻게 되는 것이라고 하는 정신치료의 개념으로 접근시키면서 세계의 분석심리학자들에게 설명한다.

근래의 선과 명상의 흐름

이상과 같은 선의 개념은 어디까지나 동양적인 개념이며 선의 영문 표기는 역시 일본어의 젠(ZEN), 실제로 응용할 때의 참선은 자젠(坐禪)이었다. 이 자젠의 형식이 서양인들에게 있어서는 메디테이션(meditation), 즉 명상이었으며, 선은 즉 명상으로 이해되었다. 이러한 개념으로 이해된 선은 순수한 명상과 구별하기 위해서 나타난 용어가 선명상(禪冥想)이다. 그것이 서양인들의 사고인 것이다.

그러나 선과 명상은 한 덩어리 범주에 속하는 것이기는 하지만 서양의 명상이 표면에 나타난 의식과 전의식의 수준의 것인 데 비해, 선은 그 아래 무의식 밑바닥까지 뚫고 들어가서 생명의 근원까지를 밝히려는 깨달음의 기법이라고 하는 데 그 차이점을 볼 수가 있는 것이다. 즉 명상은 의식적인 문제나 그 의식 수준에서의 문제가 장기화되면서 신체화 현상으로 나타나게 되는 심리적 질병까지는 어느 정도 효과적일 수 있으나, 인생 자체를 변화시킬 수 있는 생명의 근원적인 문제는 역시 선의 영역이라고 하는 것이다.

한편, 스즈키 박사와 더불어 일본에서는 이노우에 엔료(井上円了)가 쓴 1893년 논문 「선종(禪宗)의 심리」가 나오고, 1900년대 이후 수많은 선 심리학 관련 논문들이 발표되었다. 특히 사쿠마 데이(佐久間鼎)의 1948년의 저술 『신비적 체험의 과학』 등에서 선의 뇌파적 연구로 생리적 심리적 과정을 객관적으로 규명되는 것을 보여주고 있고, 이러한 선의 심리학적 연구는 마침내 문부성의 지원 아래 전국적인 선의 종합적 연구, 즉 선의 의학적, 심리학적 연구가 이루어졌다. 이와 더불어 필자 역시 선 심리학적 카운슬링 문제를 연구하던 도쿄의 고마자와대학(駒沢大學)에서는 1970년대에 선심리학연구실을 열어 뇌파(E.E.G)검사와 심전도(E.C.G)검사를 할 수 있는 연구시설을 갖추고 선수행의 효과에 대한 의학적 생리, 심리학적 연구를 진행하고 있다.

이와 같은 선명상에 대한 과학적 연구의 영향으로 점차 근래에 들어서면서는 정신과 의사나 임상 및 심리상담가를 중심으로 선보다도 수용자의 근기(根機)에 따라 단지 명상이 심신(心身)의 안정을 얻는 하나의 치유법으로서 자리 잡아가고 있는 것이다.

이광준

동국대학교를 졸업하고 일본 고마자와대학에서 심리학 박사학위를 받았다. 한림성심대학 교수, 서울불교대학원대학 석좌교수, 일본 국제일본문화연구센터 외국인 연구원, 하나조노대학 연구원, 류코쿠대학 강사 등을 역임했다. 저서로는 『카운슬링에 있어서의 선 심리학적 연구』, 『태아 심리학(胎兒心理學)』, 『정신분석 해체와 선 심리학』 등이 있다. 현재 동서심리학연구소장으로 있으면서 불교심리학, 태아학 연구에 전념하고 있다.

12

중이 할 것이라곤 공부밖에 없다:
향곡선사香谷禪師 일화

법념

향곡선사는 조계종 종정을 지낸 성철선사(性徹禪師)와 함께 선풍을 드날렸던 선지식이다. 두 분은 일생 동안 절친한 도반(道伴)으로 지냈다. 향곡선사가 먼저 열반에 들자 성철선사는 애도(哀悼)하며 「곡향곡형(哭香谷兄)」이라는 글을 지었다.

哭香谷兄(곡향곡형: 향곡 형을 곡하다)

哀哀宗門大惡賊(애애종문대악적)　슬프다! 이 종문의 악한 도적아.
天上天下能幾人(천상천하능기인)　천상천하에 너 같은 이가 몇
　　　　　　　　　　　　　　　일런가.

業緣已盡撒手去(업연이진살수거)　업연이 벌써 다해 훨훨 털고 떠났으니

東家作馬西舍牛(동가작마서사우)　동쪽 집에 말이 되든 서쪽 집에 소가 되든.

咄咄(돌돌)　애달프다!

甲乙丙丁戊己庚(갑을병정무기경)

道友(도우) 性徹(성철)

　큰스님은 말년에 "나는 칠십을 안 넘길 끼다. 오래 살고 접지(싶지) 않아."라고 가끔 말씀하셨다. 나는 귀담아듣지 않고 그냥 흘려보냈다. 그러나 말씀대로 1978년 음력 12월 18일, 열반에 드셨다. 세수(世壽) 67세, 법랍(法臘) 50년이다.

　어느 날 내가 여쭈었다.

　"큰스님, 열반하신 뒤 다시 사바세계로 오실 겁니까."

　"나는 사바세계로 다시 안 올 끼다. 금강당세계(金剛幢世界)로 갈 끼다."

　"거기는 어떤 세계인가요."

　"불불(佛佛)이 모여 사는 화장세계(華藏世界)니라."

　"큰스님이 가시면 우리는 누굴 의지해 공부해야 됩니까."

　"법제자 진제(眞際: 전 조계종 종정)가 있다 아이가, 법은 거 가서 물

으면 돼."

큰스님은 거침없이 간단명료하게 답하셨다.

어느 해 하안거 때다, 하루는 큰스님이 아침부터 다락에 올라가시더니 한참 지나서야 뭘 한 보따리 싸 가지고 내려오셨다.

"법념아, 이거 원주한테 갖다주고 선방 대중들에게 나눠주라 캐라."

풀어 보니 속옷과 양말 등속이었다. 평시에 헌옷이나 구멍 난 양말은 손수 꿰매 쓰더니, 새것은 모아두었다가 대중들에게 베푸신 것이다.

다비식이 끝난 뒤, 뭘 찾으려고 큰스님이 쓰시던 책상 서랍을 열어 보았다. 비눗갑에 헌 고무 밴드가 소복하다. 버리는 걸 모아두었다가 필요할 때마다 꺼내 썼을 성싶다. 그뿐 아니다. 글자가 없는 종이는 잘라 차곡차곡 쌓아둔 것도 한쪽에 있다. 메모 용지로 쓴 듯하다.

"요새 스님들은 물건 귀한 줄 몰라 애끼지 않아. 시주(施主)의 은혜를 갚을라카마 물건을 함부로 버리지 말아야 되는 기라. 뭐든 알뜰키 하는 기 제일이제."

생전에 경상도 사투리로 투박하게 일러주시던 말씀이 귀에 쟁쟁하다.

큰스님은 생전에 월내(月內) 묘관음사(妙觀音寺)에 주석하셨다. 꽃과 나무를 사랑한 큰스님은 도량 곳곳에 꽃뿐만 아니라 나무도 많이 심어 청청한 도량으로 가꾸셨다.

어느 해 늦가을, 큰스님이 외출하려고 염화실(拈華室 : 조실스님이 거처하

香谷堂蕙林大宗師真影

향곡선사 진영

는 곳)에서 내려오다 가지가 너무 높이 자란 엄나무를 보자 원주스님에게 일렀다.

"엄나무가 너무 웃자라 봄에 새순을 딸라 카마 손이 안 자랠 끼라. 가지를 좀 잘라야겠다."

볼일을 마치고 절에 돌아온 큰스님은 깜짝 놀라셨다. 가지를 몽땅 잘라버려 엄나무는 몸뚱이와 두 팔만 남아 있었기 때문이다.

"아이고, 우야꼬. 가지가 너무 자라 좀 자르라 캤는데……, 이래 낳구나."

이듬해 봄이 되자 엄나무는 끝내 싹이 돋아나지 않았다. 큰스님은 염화실로 오르내릴 적마다 고사(枯死)해버린 엄나무를 보며 "참말로 미안테이."라며 두 손 모아 용서를 빌곤 하셨다.

당시 묘관음사에는 초등생인 어린 꼬마가 있었다. 나중에 커서 어엿한 스님이 되었지만 어릴 적엔 개구쟁이였다. 이른 봄 도량 곳곳에 진달래가 피었다. 이놈이 그중 가장 예쁜 진달래 가지를 꺾다가 큰스님에게 들킨 것이다. 몇십 년간 애지중지하며 키운 꽃나무를 꺾다니……. 큰스님은 화가 잔뜩 나셨다.

"너 이놈, 맞을 일을 했으이 회초리 만들어 오너라."

제 딴에는 고른다고 고른 게 하필이면 진달래가지를 또 꺾어 간 것이다.

"와 이걸 또 꺾어 왔노."

"가는 걸로 때리면 덜 아플 것 같아서요."

풀이 죽어 기어들어가는 소리로 웅얼거린다. 그 말에 큰스님은 그만 껄껄 웃고는 들고 있던 회초리를 놓아버렸다.

"봐라, 니 팔을 누가 꺾으마 아프겠제, 꽃나무가 말을 못해 그렇지 니하고 똑같이 아프다. 다신 그라지 마라."

이후로 꼬마는 나뭇가지 하나, 풀 한 포기도 건드리지 않았다.

큰스님은 키가 180센티가 넘고 몸무게는 90킬로가 더 나가는 큰 체구이시다. 매일 새벽 2시면 어김없이 일어나 책을 본 뒤, 도량을 한 바퀴 돌아보신다. 육중하지만 어찌나 살금살금 걷는지 발소리가 전연 들리지 않는다.

길상선원(吉祥禪院)은 큰스님을 조실로 모시고 사부대중이 수행하는 선방으로 묘관음사 경내에 있다. 큰스님은 새벽마다 선원으로 살며시 걸어가 정진하고 있는 대중을 몰래 살펴보고 염화실로 올라오곤 하셨다.

평상시에 큰스님은 "불사(佛事)란 부처님을 만드는 일"이라고 하셨다. 즉 '눈 밝은 납자를 나오게 하는 것이 진정한 불사'라며 선원 스님들을 끔찍하게 위했다.

당시는 큰스님과 법거량(法擧揚: 선을 주제로 주고받는 문답)을 하려고 원근 각지에서 오는 스님들이 자주 있었다.

공부를 제대로 하고 있는지 점검을 받으러 오기도 하지만 자기가 깨달았다고 막무가내로 들이미는 경우도 허다했다.

큰스님은 결제(結制), 해제(解制) 때 설하는 상단법문뿐만 아니라 선방에서 소참법문(小參法問: 때와 장소를 정하지 않고 수시로 격식이 없이 불법에 대해 묻고 대답하는 일)도 수시로 하셨다. 그때 큰스님과 선문답을 주고받는 스님들이 더러 있어 정진의 열기를 직접 느낄 수 있었다. 요즘은 선문답하는 광경을 보기 힘들어 너무나 아쉽다. 때로 정답은 아니지만 그럴싸한 답이 나오면 큰스님은 매우 흐뭇한 표정을 지으셨다.

어느 해 동안거 때다. 한밤중에 누군가가 염화실로 올라오며 "향곡이 나와라. 나랑 한 판 붙자."라며 고래고래 고함을 지른다. 추운 겨울이건만 웃통을 홀떡 벗은 채로다. 얼굴이 낯선 걸로 보아 선원 대중은 아닌 듯했다. 나중에야 '토굴에서 정진하다 온 객스님'이라고 들었다. 다행히 대중 스님들이 올라와 수습하였다. 한편으로 생각하면 '얼마나 답답했으면 그랬을까.' 싶기도 하지만, 결과가 좋지 않아 뒷맛이 씁쓸했던 사건이었다.

어느 봄날, 무명옷을 깨끗이 차려입은 객스님이 큰스님을 뵈러 왔다. 무엇 때문에 왔는지 미리감치 알아보신 큰스님은 나더러 밑에 내려가라고 하셨다.

얼마나 시간이 흘렀을까. 서너 시간은 됨직하다. 올라오라는 연락을 받고 염화실로 가니 객스님은 떠나고 없었다. 나는 궁금해 견딜 수가 없어 뜰에 서 계시는 큰스님에게 여쭈어보았다.

"큰스님, 무슨 이야기를 그리 오래 하셨습니까."

"그르키(그렇게) 말이다. 지 딴에는 알았다고 마구 들이댔지. 그게 답이 아이라 캐도 지가 맞고 내가 틀린다고 우기는 기라. 결국 나중엔 고개를 숙였지."

"무슨 말을 하던가요."

"그건 말 못하지. 뭐라 카기는 했제. 애를 씨기는 마이(많이) 쓴 거 같아. 정진은 빈틈없이 해야 돼. 안즉 머랐어(멀었어) 멀어."

큰스님은 객스님이 애쓴 만큼 답을 못한 게 아쉬웠던 모양이다. 입을 쩝쩝 다시더니 한마디 던지셨다.

"이 공부는 세수하다가 코만지는 것처럼 숩다카마 숩지(쉽다면 쉽지). 말세 중생은 근기(根氣)가 약해 깨닫기 어려븐 거 같에. 명확하기 답하는 이가 없사."

한숨을 내쉬며 돌아서는 큰스님의 뒷모습이 쓸쓸해 보였다.

큰스님은 웃을 때 온몸을 흔들며 허허하고 크게 웃으신다. 부끄럼을 잘 타 두 손으로 얼굴을 가리고 웃을 때면, 수줍음 많은 어린 소년처럼 천진해 보였다. 이젠 그런 웃음을 두 번 다시 볼 수 없으니 안타깝기 이를 데 없다.

"중이 할 끼라고는 공부밖에 없사. 일대사를 해결 못 하마 온 곳도 갈 곳도 모르이(모르니) 어데 태어날 똥 모르는 기라. 우짜든지(어쨌든지) 금생에 공부 다 해 마치야지. 미루마(미루면) 안 돼."라고 단호하게 말씀하시던 모습이 눈에 선하다.

큰스님의 말씀대로 살지 않고 딴짓만 하고 살아온 듯해 사뭇 죄송할 따름이다.

법념

2013년 『동리목월』로 등단하였다. 동국대학교 외래교수를 역임했으며, 현재 경주 흥륜사 한주로 주석 중이다. 저서로는 산문집 『종이 칼』, 향곡선사와의 인연을 담은 『봉암사의 큰 웃음』 등이 있다.

13

무애행, 대자비심의 발로:
경허스님의 무애행

임길순

　요즘 생활에 여러 가지로 여유가 있으시고 두루 평안하시온지요. 삼가 그리워하는 마음 그지없습니다. 저는 예전 같이 지내고 있어 별도로 드릴 말씀이 없습니다만, 집의 동생 혼사의 연길(혼사 날짜)을 드리오니, 신랑의 옷 치수를 적어 주시길 삼가 바랍니다. 예를 갖추지 못하고 줄이니 헤아려 주십시오. 혼사 택일은 29일입니다. 사문 경허 재배.

　伏維際玆靜履起居 候萬裕伏溯 區區無任之至記下故依, 昔將餘何足煩 舍帝家親事 涓吉仰呈 衣製錄視, 望耳 不備伏惟 念九日 沙門 鏡虛 再拜.(경허연구소 홍현지 박사 제공)

경허(鏡虛, 本名 宋東郁, 1849~1912)스님이 녹두장군 전봉준의 아버지인 전창혁에게 보낸 서찰이다. 스님의 부친 송두옥은 전북 완주군 봉상면 구미리에, 전창혁은 완주군 우동면 구암리에서 가까이 살아 친분이 있었다. 경허스님은 여동생의 혼인을 위해 일찍 돌아가신 아버지 대신 혼주가 되었다. 여동생과 전봉준의 혼사를 앞두고 스님은 신랑 아버지에게 신랑의 옷 치수를 묻고 택일을 알리는 편지였다.

마이산 금당사에도 경허와 전봉준의 흔적이 있다. 일제 강점기 금당사 주지 김대완 스님은 유림과 의기투합하여 독립운동을 한 애국지사였다. 김대완 스님과 경허는 잘 아는 사이였다. 전봉준과 처남매제 사이가 된 경허는 동학운동을 준비하는 전봉준에게 자연스레 용기를 주었다. 동학군의 첫 기병 장소를 알려준 이도 경허였다는 내용이 그가 보낸 편지에 남아 있다.

경허스님의 여동생인 전봉준의 부인은 27세에 둘째 아이를 낳고 얼마 후 별세했다. 갓난아이를 돌볼 사람이 필요했는데 이씨 성을 가진 여인이 아이들을 돌보다가 자연스레 전봉준의 아내가 되었다. 이씨 부인과도 두 아들을 두었다.

전봉준이 우금치 전투에서 패하고 한양으로 압송되자 역적의 집안으로 몰살당할 위기에 처한 여동생의 딸 전옥련을 금산사에 숨겼다. 그것도 불안하여 친분이 깊은 진안 금당사 주지 김대완 스님에게 당부했다. 전옥련은 스님의 보살핌으로 성을 김 씨로 바꾸고 8년간 금당사에서 숨어지내다가 옆 동네의 남자와 혼인을 한다. 이때 스님은 전옥련을 보기 위해 금당사를 찾았는데 금당사 고금당 나옹굴에서

지은 것으로 추정되는 시가 몇 편 전한다. 그중 하나가 「화엄해중(華
嚴海中)」이다. 시에서 지인은 경허 자신이라고 한다.

장차 지인을 숨기기 위해	將爲至人隱
청산은 깊고도 깊었는데	靑山深復深
복사꽃 도리어 아무 일 없이	桃杏還無事
옛 부처 붉은 마음 토해 내더라	吐紅古佛心

전봉준은 1895년(고종 32년) 3월 29일 지금의 종각역 부근에서 처형
당했다. 그날은 150여 동안 금지되었던 승려의 도성 출입을 허용하
는 입성해금(入城解禁)된 날이기도 했다. 역적에게 누구라도 도움을 주
었다가는 삼대가 멸할 지경이니 시신을 수습할 수도 없었다. 전봉준
의 처형당한 육신을 수습한 이는 경허였다.

일본 일련종(日蓮宗) 스님들은 종교침략의 한 방법으로 도성 출입을
건의했다고 한다. 이를 감파(勘破)한 경허는 "나에게 서원(誓願)이 있
으니 발이 경성 땅을 밟지 않는 것이다"라며 조선의 스님들을 경책
(警責)했다. 경허는 이것을 끝으로 승복을 조계사에 벗어 놓고 삼수갑
산으로 떠나 은둔했다. 만약 그가 숨지 않고 혹시라도 전봉준과 처남
매제 사이라는 게 알려진다면 인연이 닿았던 이들이 당했을 고초는
어떠하였겠는가.

지방 권력자들의 수탈은 백성들에게만 국한되었던 것이 아니라 사
찰도 예외는 아니었다. 양반들은 사찰 소유의 토지를 빼앗을 목적으

로 백지 편지를 봉안해서 주지에게 보낸 후에 스님을 고문하여 백지가 차용증이라는 억지 자백을 받아냈다. 그래서 사찰의 주지들은 수탈자에게 백지 편지를 받으면 그날로 야반도주를 하기도 했다. 어지러운 나라에서 떠돌이 생활을 한 것은 승과 속이 따로 없었다. 전봉준과 손병희가 연합하여 우금치 전투를 벌일 때 십만여 명이 넘는 민중들이 결집한 것은 당연한 결과였다. 힘들게 살아가는 백성들의 아우성이었다.

나라 밖은 외세의 야욕과 개항의 요구가 거셌던 격변의 시대였다. 이러한 외세를 읽지 못하고 조선의 왕은 동학농민운동을 저지하려 외세를 끌어들였다. 결국 외세들은 조선의 지배권을 놓고 청일전쟁(1894~1895), 러일전쟁(1904~1905)을 통해 조선 백성들의 땅에서 패권 싸움을 벌이게 된다. 울분에 가득 찰 수밖에 없었던 전봉준과 백성이었다.

난세인 백성의 아픈 땅에서 그가 민중을 돌보지 않고 기행으로 일관했다고 여겼다. 이번에 스님의 걸림이 없는 무애행(無碍行)의 궁금증이 실타래처럼 풀렸다. 동학사에서 대강백이라 명성이 자자했던 경허가 청계산 청계사에 머무는 스승 계허스님을 만나러 가는 길이었다. 천안쯤에서 쏟아지는 비를 피하려 몸을 의지했던 처마에서 전염병으로 마을 사람들이 죽어 나가는 것을 보고 죽음의 공포를 느끼는 자신에게 분노하여 문을 걸어 잠그고 화두를 참구(參究)했다.

그야말로 백척간두에 있던 경허스님이었다. 이때 경허의 시중을 들던 동은 행자는 마을에 사는 이 진사의 아들이었다. 흥선대원군의

경허스님

서원 철폐로 몰락한 양반들이 지방으로 많이 내려와 있었다. 이 진사도 그런 몰락한 양반의 집안이었다. 아들에게 유가의 학문보다 불문에 들여 행자 수업을 시켰다. 어린 행자의 눈에 경허는 움직이지 않는 바위와 같았다.

하루는 동학사 스님들이 탁발하러 가게 되었다. 이 진사의 아들 동은도 대중 스님과 마을로 가게 되어 그리운 아버지의 집에 들렀다. 함께 탁발하던 학명스님과 이 진사가 이런저런 이야기를 주고받으며 저녁 한때를 보내던 중이었다. 이 진사가 중노릇 잘못하면 죽어서 소가 된다는 말에 학명스님은 어찌하면 소가 되지 않는지를 물었다. 그러자 그는 '죽어서 소가 되어도 고삐 뚫을 구멍이 없는 소가 되면 되지 않겠습니까?'라고 답을 했다. 그 뜻을 알 수 없었던 학명은 경허를 모시는 천진한 행자 동은에게 고삐 뚫을 구멍이 없는 소의 뜻을 경허에게 물어보라고 한다.

동은이 경허에게 소가 되어도 고삐 뚫을 구멍이 없다는 소리가 무엇이냐고 물었다. 바로 그 순간이었다. 경허는 활연대오(豁然大悟), 물아(物我)가 공(空)한 도리를 알게 되는 순간이었다. 육신을 초탈하여 어떠한 일에도 걸리지 않는 대자유를 깨달았다. 경허는 이 순간을 오도송으로 읊었다.

홀연히 사람에게서
고삐 뚫을 구멍이 없다는 말을 듣고   忽聞人語無鼻孔
문득 깨닫고 보니

삼천 대천 세계가 다 내 집이로구나	頓覺三千是我家
유월 연암산 아랫길에	六月鷰巖山下路
들 사람 일이 없어 태평가를 부르네	野人無事太平歌

이렇게 걸림이 없는 자유인이 된 경허스님이 한번은 자신을 지게 작대기로 아프게 때리면 엿을 사 주겠다면서 아이들에게 작대기를 쥐여주었다. 개구쟁이들은 의아스럽긴 했지만, 엿을 사 준다는 말에 스님을 작대기로 마구 때렸다. 경허는 그때마다 맞지 않았다고 외쳤다. 경허의 가슴에 무어 그리 커다란 설움이 있어서 사정없는 작대기의 타작도 아프지 않았던 것일까. 매를 맞은 것은 누구였을까. 이미 어디에도 걸리지 않는 자유인 된 스님의 청정한 진아(眞我)가 아니라 무상한 몸뚱일 뿐이라는 가아(假我)의 선언이 아니었을까. 스님의 외침은 백성들은 저리 아픈데 그 아픔을 대신한 고통의 역설이 아니었을는지.

오늘은 내가 많이 아프다. 경허스님의 무애행을 제대로 감파(勘破)하지 못한 내가 울고 싶다. 나라가 바람 앞에 등불인데 그가 깨달은 선지식이 무슨 소용 있었을까. 백성이 어린아이처럼 길가에 버려진다면 경허스님과 전봉준이 바라던 '태평가'는 허망한 그림자일 뿐일 것이다. 깨달음이란 것도 헐벗고 굶주리는 백성들에겐 아무런 소용이 없다. 백성을 잃었고 그의 매제인 전봉준을 잃었다. 그러한 이별의 고통을 그렇게라도 달래려 아이들에게 작대기를 쥐여준 것일지도 모를 일이다. 결국 경허의 무애행은 대자비심이었다.

나라가 수탈자로 변한 관리들로 멍들어 갈 때 세간 사람들이 말하는 기행을 한 경허가 품은 나라는 어떤 모습이었을까. 경허는 스러져 가는 20세기 간화선의 선풍(禪風)을 다시 일으켰다. 경허의 법맥을 이은 제자 중에 삼월이라 일컫는 수월, 혜월, 만공(월면)은 삼수갑산으로 떠난 스승을 그리워했다. 수월은 갑산군 도하리에서 박난주로 살며 훈장 노릇을 하던 경허를 찾았다. 문밖에서 애타게 불렀지만, 스승은 만나주지 않았다. 제자는 스승에게서 배운 방법으로 짚신 몇 켤레를 정성껏 삼아 댓돌 위에 올리고 돌아섰다.

수월은 스승의 곁을 떠나지 못하고 주변에서 머물다가 스승의 열반을 만공에게 알린다. 그리고 경허가 무애행을 한 것처럼 백두산 기슭 도문시 회막동에서 소먹이는 농부로 살았다. 받은 품삯으로 만든 짚신은 나뭇가지에 매달아 놓았고 주먹밥을 만들어 길가 바위 위에 쌓아놓았다. 간도로 건너오는 헐벗고 굶주린 동포들을 위한 무애행이었다. 수월스님이 열반에 들기 전까지 사람들은 도인인 줄 몰랐다고 한다. 수월은 1915년 회막동을 떠나 중국과 러시아의 국경지대에 있는 흑룡강성의 수분하(綏芬河)에서 여전히 민중들을 위해 살았다. 그때 금오, 효봉, 청담 등 많은 나라 잃은 스님들이 수월을 찾았다. 나라의 일이 경허의 일이었고, 전봉준의 일이었으며, 수월, 혜월, 만공, 한암의 일이었다. 그리고 가난한 백성들의 일이었다.

일 년이 지나서(1913. 4. 25) 경허의 열반 소식을 듣게 된 혜월과 만공은 갑산으로 가서 김탁을 찾았다. 그에게서 그동안 서당의 훈장으로 마을 사람들과 걸림 없이 살다간 경허의 행적을 듣는다. 봉분을 찾았으나 이미 시신은 백골이 되었다. 애제자 만공이 이별할 때 손수 만들어 주었던 쌈지와 담뱃대가 있어 경허라는 것을 알 수 있었다. 두 제자는 다비식을 하고 스승의 마지막 남은 흔적을 김소월이 시 「삼수갑산」에 "오고가니 기험(崎險)타 아하 물도 많고 산첩첩(山疊疊)이라 아하하"라고 표현한 그 산천에 뿌렸다.

경허스님은 열반에 들어 전봉준과 그의 여동생 그리고 우금치 전투에서 쓰러져간 혼백들을 만났을 것이다. 욕심을 가지려야 가질 수 없는 이 땅의 순수한 백성. 저세상에서 다시 만난 그들에게 스님께서는 어떤 법문을 하셨을까.

임길순

1998년 『책과인생』으로 등단하였다. 동국대학교 불교대학원 선학과를 졸업하였으며, 수필집 『슬픔을 사랑합니다』가 있다. 『한국산문』 편집부장, 한국문인협회 성동지부장을 역임하였다. 제8회 풀꽃문학상, 제15회 한국산문문학상, 제14회 한국문협 서울시문학상을 수상하였다.

14

선각자는 세상과 불화할 수밖에 없다:
이탁오와 불교

노정숙

집 떠나 만리 길 헤매다 낯선 마을에 묵는다

외로운 혼백 타향만리 성문 안에 갇혔구나

고개 들어 푸른 하늘 즐거이 바라보니

커다랗고 둥근 달 온 누리에 비추네

        -「감옥에서 지은 절구 여덟 수」중 세 번째 노래

이탁오의 절명시다. 이탁오(본명 이지李贄)는 명대(明代) 후기 사상가다. 도전과 진취 정신이 강해서 중국 역사상 최초의 사상범으로 옥중에서 스스로 목숨을 끊었다.

면도칼은 그의 인생에서 비장한 도구다. 그를 '이단'이라고 배척할 때 면도칼로 머리카락을 자르고 유관을 벗어던져 이단이라는 악명을 스스로 선택하고, 감옥에서 면도칼로 항쟁하여 이단을 압제하는 자들의 악명을 완성시켰다. "나를 알아주지 않는 자를 위해 죽음으로써 분노를 토하리라." 그가 일찍이 「오사편(五死篇)」에 썼던 예언을 실현했다.

이탁오는 개인의 행복 추구가 우선이며 사람의 목숨이 충의보다 귀하다고 생각했다. 이는 존경과 예의를 중시하며, 겸손과 자기반성을 최고의 덕목으로 삼는 공자의 사상과 부딪친다. '군자는 의(義)에 밝고 소인은 이(利)에 밝다'고 한 것은 통치자를 위한 것이며, 자신의 감정을 통제해야 한다는 가르침 때문에 폭정에 시달리면서도 현실 체제에 순응하게 만들었다. 우리가 우러를 사람은 예나 의를 내세우는 사람이 아니고 어려운 시절을 구제하고 난을 제거한 사람이다.

『중용』에 '희로애락이 생기지 않은 상태를 중(中)'이라고 했다. 중(中)으로부터 우러나오는 것을 예(禮)라 하고 밖에서 주입되는 것을 비례(非禮)라고 한다. 굳이 배우고 고려하지 않아도 생각하고, 노력하지 않아도 비슷하게 이르게 되는 것이 비례(非禮)다. 대중은 공자가 말했던 '배움을 좋아하지 않는 것(不好學)'을 쉽게 범하게 되는 것이다.

그가 특별히 주장하는 '동심설(童心說)'은 인간이 사회화되기 이전의 마음이야말로 진실하고 성스럽다고 믿는다. 사회로부터 도리와 견문, 암시가 마음속에 들어오면서 동심이 오염되고 결국 소멸한다고 한다. 독서로 동심을 지켜야 하는데, 송대 이후 독서는 주희의 시선으로 공자 읽기가 모두였으니, 이는 과거(科擧)를 통해 입신양명하려는 과정이며, 앞서간 성현을 따라 복창하는 도구로 전락했다고 개탄한다. 스스로 통제하는 자율과 남에게 책임을 지우는 책중(責衆)의 문제에서 이탁오는 스스로를 엄하게 통제하면 안 될 것이 없다고 주장한다.

이탁오는 26세 때 관리 등용문인 '거인'에 합격해 하남·남경·북경에서 하급관료 생활을 하다가 40세 때 북경 예부사무의 보직을 받고 많은 현인들과 학문 강론에 합류한다. 예부낭중 서용검이 『금강경』을 보여주며, "이것이 불가의 학문일세. 한번 섭렵해보지 않겠나?" 하는 권유를 받자, 그는 가슴이 뛴다. 이때부터 불교 공부의 길로 들어선다.

부처를 말하고 불경을 논하는 것은 이미 문화인의 교양 중 하나가 되었던 때다. '일체의 중생에게는 모두 불성이 있다'는 믿음과, '차라리 영겁 동안 침륜을 당할지언정 성현들을 좇아 해탈을 구하지 않겠다'는 자존, '여기 조사(祖師)가 있느냐, 그럼 불러와서 내 발 좀 닦으라 하라'와 같이 권위에 반기를 드는 기개로 의혹과 확신 사이를 오가며 깊어진다.

그는 5년 동안 예부에 있으면서 도의 묘한 이치에 마음을 담갔다. 왕양명 선생의 문집과 서책들을 읽고 학문을 강론하며 불후를 추구하는 뜻을 세우기 시작했다.

50세에 이르러 이탁오는 특별한 전환기를 맞는다. 드디어 공자를 이해하게 되었으며 성인에 대해 안다고 스스로 자부하게 되었다.

이탁오의 진영

『성인의 가르침』을 써서 불교 신도에게 '도는 영원히 하나일 뿐'이라는 걸 전한다. 이전의 자신은 '남들이 짖으면 따라 짖는 한 마리 개, 대중에 불과했다'고 회고한다.

이후로 불교가 그에게 미치는 영향은 더욱 깊어진다. 학문에서 그동안 익숙히 듣고 보아 단단해진 일체의 도리가 골수에서 굳지 못하도록 통렬히 밀어내야 진보가 있을 수 있다고 했다. 이런 비판의식으로 맹렬히 읽고 쓰면서 이지는 이지가 되어갔다.

그는 예견했다. 자신의 책이 세상에 선보여질 때 자신에게 미치게 될 화가 지금처럼 비난하는 강도에서 그치지 않으리라는 걸. 그랬기에 책 이름도 스스로『분서(焚書)』불태워버려야 할 책,『장서(藏書)』감추어야 할 책이라고 붙였다.

54세 되던 해 운남의 4품 지부를 끝으로 관직에서 물러났다. 벼슬이 주는 속박감과 4남 3녀 자녀 중에 큰딸만 살아남은 불행한 가족사에 번민이 컸을 것이다. 선지식을 찾아보려는 강한 열망으로 겨우 안정된 생활을 할 수 있는 벼슬을 놓았다.

그 후 아내와 딸과 사위가 고향으로 갈 때는 수중에 남았던 생활비를 모두 주고 혼자 남았다. 후에 아내 황 씨가 세상을 떠났다는 소식을 듣고「황의인을 곡하다」,「황의인을 생각하다」라는 시를 연달아 쓰며 불교에 취해 현처를 저버린 일을 참회한다.

62세에 이단임을 자처하며 삭발을 하고 수염은 깎지 않아 다시 논란에 휩싸인다. 지인들과 서신으로 주고받은 내용은 기존 질서에 맞서거나 거스르는 것이었다. 자신만의 시선으로 모두가 측천무후의 행실을 비난하는데, 인재를 아끼고 알아보는 혜안이 있다며 '성후(聖后)'라고 칭송했다. 그는 또한 도덕적 계율로 사람을 억압하는 것에 반대하여 실제 사적과 공적을 도덕적 평가보다 위에 놓았다.

어떤 사람이 만나기를 청하자, 성인도 특별히 다른 점이 없으며, 보통 사람들은 책임지지 못할 말을 하는 사람이 많은데, 성인은 책임지지 못할 말을 하지 않는 사람일 뿐이라고 했다. 석가가 상대에 따라서 문답 형식이나 비유, 설화를 활용하고 평이한 말로 설법했듯이 이탁오도 만나는 사람들의 눈에 맞춰 말한다.

그러나 이지는 여전히 이지였다. 체면을 세워주려 할 때는 거부하고, 모욕을 주려 할 때는 도리어 기꺼이 받아들인다. 호구에 도움을 주려고 학당에 초대했더니 묵묵부답하고, 거리에서 욕을 보이려는 젊은이들에게 다가간다. "학당에서 강론을 잘하는 것은 앵무새가 남의 말을 따라 하는 것에 불과하고, 젊은이들과 어울려 마시며 즐겁게 노래하고 즐기는 것은 저절로 천기를 얻는 것이다."라고 하였다.

이탁오가 깨달은 불교는 제도화된 울타리에 한정하지 않는다. 실천하는 불교로 어디에도 구애받지 않고 삶 안에서 피어난다. 그는 유교·불교·도교 모두가 도를 깨침으로써 세속을 벗어나려는 바람이 같다고 보았다.

67세에는 독서와 저술 이외에 지불상원에 불전을 짓고 불상을 빚는 일을 했다. 그는 현대 예술가 같은 안목을 지니고 있었다. 한 보살의 얼굴을 약간 단정치 않게 빚어놓고 이탁오는 볼 때마다 좋다고 찬탄했다. 그러나 이탁오가 현장에 없을 때 승려들이 기술자를 시켜 고

처놓았다. 그는 이것을 보고 크게 소리쳤다.

"고치지 않았을 때는 얼마나 생동감 있고 생기가 넘쳤나! 생
동감이 있으면 살아 움직이는 것이고 바로 보살을 잘 묘사한 것
이다. 왜 꼭 보기 좋게 고치려고만 하느냐! 보기 좋은 것은 형체
이고, 세간의 통속적인 사람이다. 살아 움직이면 정신이 들어간
것이고 출세간 보살승이다. 보기 좋은 것은 외적인 장식을 잘하
는 것으로 오늘날 도학의 이름을 빌린 것이 그것이다. 살아 움직
이는 것은 진실한 마음과 뜻으로, 스스로 만물을 비출 수 있는
것이지 육안으로 취할 수 있는 것이 아니다."

살아 있는 닭을 찔러 피를 내서 부처의 눈에 칠해 개광(開光)하는 것
을 반대했다. 흙으로 빚은 보살이 정말로 신기한 효험이 있다고 믿지
는 않았지만 공경의 뜻이다. 중생의 마음이 산란할 때 그들이 부처를
보고 귀의할 마음이 생기게 하기 위한 것이다.

승려의 직분은 산에서 지낼 때는 염불을 위주로 하며 모든 일에 노
련하고 성실히 매진해야 한다. 다만 나이 어린 자들은 모두 대중이고
도제며 도손이라 기꺼이 달려들 필요가 없다고 했다. 사부는 도제들
을 엄히 단속하는 것보다 자연스레 선행하길 바라는 게 좋다고 했다.

그는 죽은 뒤의 일을 생각한다. 자신의 수발을 해준 승려들에게 무
엇을 남겨서 그들의 고생에 보답할 것인가 궁리한다. 병중에도 서둘
러 『법화경』 강의를 편찬하여 선배 선사들의 좋은 게(偈), 선가의 좋

은 시, 유가로서 선에 통한 시를 수백 쪽으로 집성했다. 이 책을 승려들이 매일 저녁 달빛 비치는 창이나 바람 지나는 처마 밑에서 몇 수씩 길게 읊조리며 정진하는 모습을 그렸다.

이탁오는 병든 몸을 무릅쓰고 지불원에서 『역경』을 연구하고 명대 인물의 전기를 써나간다. 성현들을 비판하며 현행 도덕의 부당한 조목을 논하고, 영성을 가둔 족쇄를 풀려고 애썼다. 자신은 일생 동안 결벽증이 있어 세상의 모든 술, 색, 재물은 단 반점도 나를 물들게 할 수 없었다. 지금 일흔다섯인데 평소의 행위로 귀신에게 물어보면 귀신은 결코 사람들에게 모두 보이는 이 결점으로 자신을 책망하지는 않을 것이라 단언하며, 깊은 고독감을 오직 읽고 쓰며 견뎌냈다.

얼마 남지 않은 시간을 예견한 듯 유서를 남기고, 세간의 습속에 얽매이지 않는 자신의 사후 일정까지 세세히 일러두었다. 그가 일러준 장례 모습은 그린 듯 그대로 이루어졌다. 선각자는 세상과 불화할 수밖에 없다. 두 발 앞선 사상은 어느 시대나 배척의 대상이다. 핍박받은 그들의 피와 땀으로 우리 문명은 앞으로 나아간다.

이탁오는 76세 되던 해 투옥되었다. 마경륜은 그에게 가해진 '이단이 세상을 미혹시킨다, 음행을 선양한다'는 두 가지 죄명을 반박하고 전심으로 변호했다. 그러나 판결이 내리기 전에 그는 스스로 이생을 마치고, 후대의 성자가 되었다.

노정숙

2000년 『현대수필』로 등단하였다. 저서로는 수필집 『피어라, 오늘』, 아포리즘 에세이 『바람, 바람』 등이 있다. 현재 계간 『현대수필』 주간, 『The 수필』 선정위원, 성남문예비평지 『창』 편집위원, 성남문예아카데미 원장으로 있다.

15

깨우치니 삼라만상이 모두 공_空이더라 :
허균과 불교

맹난자

역적이라는 죄명으로 비명(非命)에 간 천재, 허균(許筠, 1569~1618)의 불명은 백월거사(白月居士)이다. 스스로 성성옹(惺惺翁)이라 부르기도 한 그의 별호는 교산(蛟山)이다. 고향 강릉의 바닷가에 솟아 있는 교문암(蛟門巖)에서 따와 호를 삼았다. 교산은 '이무기의 산'이란 뜻이니 용이 되지 못한 이무기의 좌절을 그는 미리부터 예감했던 것일까.

명리학에서 사람의 운명이란 대체로 '환혼동각(環魂動覺)'에 의해 좌우된다고 한다. 환이란 인간에게만 있는 생로병사요, 혼이란 조상의 영혼과 DNA, 그리고 가정교육이며 동(動)이란 그가 태어난 시대적 배경이다. 각(覺)이란 당사자의 깨달음으로 운명을 넘어설 수 있는 힘을 말한다.

덕망 있는 명문가의 후손으로 태어난 강직한 그의 혈통과 문학에 대한 비범한 감수성, 그리고 불법에서 만난 깨달음 등이 혼탁한 시대에 처한 그를 그렇게 살도록 한 것이 아닌가 한다. 사람은 환경을 넘어서기가 어렵고 특히 어릴 때의 경험은 평생을 지배한다.

　허균의 아버지 허엽(許曄)은 서경덕의 문인(門人)으로 학자이자 문장가이며 정치가로 동인의 우두머리였다. 조광조의 신원(伸冤)을 청하다가 벼슬에서 쫓겨나기도 했으며 청백리로 기록에 올랐다. 전처소생에게서 두 딸과 아들 성(筬)을 두었고, 후처에게서 둘째 아들 봉(篈)과 초희 난설헌과 균(筠)을 두었다.

　허균은 다섯 살 때부터 글을 배우기 시작하여 아홉 살 때는 시를 지을 줄 알았다. 둘째 형의 친구, 손곡(蓀谷) 이달(李達)의 문하에서 누이 난설헌과 함께 시를 배웠다. 누이와 시를 배우던 이때가 일생 중에서 가장 행복했다고 그는 술회한다. 손곡 이달은 대제학을 지낸 이첨(李詹)의 서손으로 서얼 금고(禁錮)라는 신분 차별제도에 갇혀 뜻을 펼칠 수 없었다. 좌절한 스승의 영향 아래 균은 양명학에 심취되고 핍박받는 불우한 서자와 문사들과 어울리며 신분의 차별이 없는 이상사회를 꿈꾸었다. 양명학은 학문과 행동의 일치를 중시하고 직업의 귀천을 따지지 않으며 인간의 평등을 지향한다.

　내 마음의 본체는 천리(天理)라는 '심즉리(心卽理)'를 주창한 왕양명(王陽明)은 인간은 태어나면서부터 자연의 이치와 합일한 '마음'을 가지고 있기 때문에 모든 인간은 성인이고, 모든 인간의 생명은 고귀한 것이라는 인간 평등관을 부르짖었다. 허균의 이러한 개혁 의지는 그

蛟山許筠像

허균의 영정

의 소설 『홍길동전』에 잘 나타나 있다.

　의적 홍길동은 첩의 자식이어서 스승 이달처럼 집에서는 호부호형(呼父呼兄)을 못 하고 사회에서는 벼슬길이 막힌 모순된 현실에 울분을 느낀다. 의적이 된 칠서들은 가렴주구를 일삼는 토호들의 재산을 빼앗아 가난한 백성들에게 나누어준다. 홍길동은 지배층의 부정부패가 없고 신분의 차별이 없는 이상사회 건설을 위해 율도국을 세우려 한다. 실제로 허균이 살던 시대는 임진왜란과 네 차례의 당쟁 사화(士禍)로 사회는 말할 수 없이 어지럽고 민생고는 참담했다. 가뭄에 흉년까지 겹치자 도적떼들이 도처에서 일어났다.

　임진왜란으로 피난길에 오른 허균의 처는 단천에서 첫아들을 낳았으나 출산한 지 사흘 만에 죽고, 아들도 곧 어미의 뒤를 따랐다. 그녀의 나이 스물두 살, 균의 나이는 스물네 살이었다. 잇따른 가족들의 죽음. 열두 살 때는 아버지를 여의고, 스무 살 때는 스승 같은 둘째 형을, 스물한 살 때는 애지중지한 스물일곱 살의 누이 난설헌이 죽었다. 어머니의 장례는 서른세 살에 치렀다. 이른 나이에 겪은 시련, 생사의 덧없음과 통절한 무상(無常)감이 그를 공문(空門)으로 기울게 했으리라. 그의 둘째 형 허봉은 대간으로서나 어사로서 기강을 바로잡는 데에 조금도 흔들림이 없었다고 전한다. 성격이 곧고 분명했으며 유성룡, 임제, 이달, 사명대사 등과 교분이 두터웠다. 창원부사로 있을 때 군정을 소홀히 한다는 이유로 탄핵되어 종성으로 유배되었다가 3년 만에 겨우 풀려났으나, 그 후 주어진 벼슬자리를 모두 거절하고 유랑산천을 떠돌다가 백운산에 들어가 불문에 귀의하였다. 균은 형에게 글을 배우려고 백운산으로 찾아갔다. 형과 친분이 두터운 스님 사명당을 만나 불교에 눈뜨기 시작했다.(2년 뒤 봉은 38세의 나이로 금강산에서 죽었다.) 균은 서산대사의 비문을 쓰고 사명대사의 문집에 발문을 썼으며 그가 쓴 사명당 비명은 지금 해인사에 보관되어 있다.

허균은 관아 별실에 불상을 모시고 아침저녁으로 예불을 했으며 염불과 참선을 게을리하지 않았다.

1604년 황해도 군수로 있을 때, 불교를 믿는다고 탄핵되어 자리에서 물러났고 1606년 명나라 축하 사절로 온 주지번을 맞아 해박한 지식으로 감동케 한 공로로 삼척부사에 임명된 지 석 달 만에 이단의 책을 읽고 또 부처를 받들었다며 쫓겨났다.

사헌부에서 그의 파직을 주장하는 글을 보자.

"삼척부사 허균은 유가의 아들입니다. 그런데도 그의 아비와 형을 배반하여 불교를 믿고 불경을 읽습니다. 평소에는 중 옷을 입고 부처에게 절했으며 수령이 되어서는 재(齋)를 올리고 중들을 먹이면서 여러 사람이 보는데도 전혀 부끄러워할 줄을 모릅니다. 명나라 사신이 왔을 때는 제멋대로 선(禪)과 부처를 좋아하는 말을 늘어놓아 유교의 교화를 현혹시켰습니다. 지극히 해괴합니다. 벼슬자리에서 몰아내어 선비의 풍습을 바로잡으소서."(『선조실록』)

삼척부사에서 쫓겨난 그는 친구 최천건에게 자신의 심경을 편지에 적었다.

"제가 세상과 어긋나서 죽거나, 살거나, 얻거나, 잃거나 간에
마음에는 조금도 걸림이 없습니다. 점차로 도교나 불교의 무리
에 쫓아가 거기에 의탁해서 스스로 세상을 도망친 지 이미 오래
되었습니다. 깊숙이 빠져들어 가게 된 것을 깨닫지 못하면서 더
욱더 불교의 글을 좋아하게 되었습니다. 그 진리에 통달한 견해
를 보니 골짜기가 갈라지고 강물이 터지며 불경의 문자는 경황
없이 아득하여 마치 나는 용이 구름을 타고 날아가는 듯해서 꼬
리, 지느러미, 발톱 껍질을 가려낼 수 없었습니다. 그것을 읽어
보니 묘연하여 정신이 저 하늘 끝에서 노니는 것과 같았습니다.
이 글을 읽지 않았더라면 거의 한평생을 헛되이 보낼 뻔했다고
늘 말했습니다. 거듭 연구하여 그 숨은 뜻을 꿰뚫어보니 심성이
저절로 밝아져서 깨달은 바가 있는 듯했습니다. 그때에 제가 배
운 장자나 주자의 학설을 취하여 그들 학설 중에서 심성에 관한
것을 비교해보았습니다. 그 같고 다른 견해와 참과 거짓이 서로
경계됨을 분석하고 논증했더니 자못 저절로 얻은 바가 있었습
니다. 이에 글을 지어 그 뜻을 밝혔는데 부처를 믿었다고 한 것
은 이를 가리킨 듯합니다. 제가 오늘날 미움을 받아서 여러 번
명예를 더럽혔다고 탄핵을 받았으나 한 점의 동요도 없습니다.
어찌 이것으로 제 정신을 상하게 하겠습니까."

이는 허균의 유일한 문집인 『성소부부고』 문부 서에 적힌 글이다.

하필 그는 신분제도에 갇힌 서손 스승을 만났고 양명학에 빠져 서얼들과 어울리며 새 세상을 꿈꾸었고, 불교를 배척하고 유교를 숭상하던 시대에 태어났으니 그의 핍박은 예상된 것이었다.

균은 서른네 살이 되던 1602년 서산대사에게 네 차례나 서신을 보내 가르침을 청했는데 편지글에는 "남과 나 그리고 만물이 모두 공(空)이다"라고 쓰고 있다.

1610년 해안스님에게 보낸 편지글에도 같은 글이 적혀 있다.

> "나도 또한 불교를 좋아해서 일찍이 그 글들을 읽어보았더니 환하게 마음에 깨우쳐지는 것이 있었고 삼라만상을 비추어보니 모두 공(空)이었다…… 마땅히 무생법인(無生法忍)을 얻어서 무여열반에 들어 잠잠히 소림, 황매와 더불어 나고 죽는 큰 환란을 없애 번뇌의 바다 건너는 것을 함께 한다면 머리는 깎지 않고 가사를 입지는 않았더라도 해안(전라도의 스님. 동갑내기 친구)과 나는 같은 석가모니의 무리이다." (『성소부부고』 문부 서)

달마대사[소림]와 5조 홍인스님[황매]과 더불어 일체 제법의 무생무멸(無生無滅)의 이치를 체득하여 무여열반에 든다니, 그는 이미 적멸위락(寂滅爲樂)이 아니신가. 다행히 공관(空觀)을 체득하신 그러나 무참했던 백월거사의 참수 현장을 떠올려보게 된다.

1618년 늦더위가 한창인 8월 26일. 서쪽 저잣거리의 형장에서 많은 벼슬아치들이 지켜보는 가운데 효수되었다. 그의 머리는 '역적 허균'이라는 팻말을 단 막대 묶음에 매달려 저잣거리에 효시되었다. 그의 나이 쉰 살. 죄목은 인목대비 폐출 사건에 연루된 것이었다.

"대비 폐출을 반대하던 유생들이 죄를 몽땅 허균에게 덮어씌우고 기준격의 상소문에 따라 국문할 것을 날마다 요청하였다. 실질적인 가담자 이이첨은 자기에게 쏟아지는 비난을 교묘하게 허균에게 돌린 탓이라."고 외손자 이필진은 『성소부부고』 말미에 적고 있다. 이이첨은 허균과 과거 동기생으로 선조가 죽고 광해군이 즉위하자 막강한 권력을 행사하기 시작했던 것이다.

인도의 제24조 사자(師子) 존자께서도 목이 댕강 잘려 나갔다. 돈독한 불자였던 임금은 외도들에게 시해를 당할 뻔하자 화가 몹시 나서 사자 존자에게 따져 물었다.

　"존자는 오온이 공(空)함을 깨달았는가?
　예, 깨달았습니다.
　생사는 여의었는가?
　예, 여의었습니다.
　이미 생사를 여의었다면 나에게 존자의 머리를 줄 수 있겠는가?
　몸도 내 것이 아니거늘 어찌 머리를 아끼겠습니까?"

칼은 즉석에서 내리쳐졌다. 땅에 떨어진 존자의 머리. 그때의 허균의 심정도 그와 같지 않았을까. 이미 본무생사(本無生死), 구경무아를 체득한 성성옹(惺惺翁)이시니까.

성성하게 깨어 있는 자(覺者)로서 죽음 없는 열반[不死]에 드셨으리라.

막대에 목이 걸린 백월거사(白月居士)의 모습을 생각한다.

"세상의 불우한 사람은 모두 우리들의 책임"이라고 울부짖으며 가난한 벗들과 밥을 나누고, 세상에 버림받은 사람을 책임지려고 애쓴 백월거사의 동체대비 사상과 그 평등심에 경의를 표하며 이 사람은 삼가 긴 묵념을 바친다.(이이화의 『허균의 생각』 참고)

맹난자

이화여자대학교 국문과와 동국대학교 불교철학과를 수료했다. 1969년부터 10년 동안 월간 『신행불교』 편집장을 지냈으며, 1980년 동양문화연구소장 서정기 선생에게 주역을 사사하고 도계 박재완 선생과 노석 유충엽 선생에게 명리를 공부했다. 2002년부터 5년 동안 수필 전문지인 『에세이문학』 발행인과 한국수필문학진흥회 회장을 역임하고, 『월간문학』 편집위원과 지하철 게시판 『풍경소리』 편집위원장을 지냈다. 저서로는 수필집 『빈 배에 가득한 달빛』, 『사유의 뜰』, 『라데팡스의 불빛』, 『나 이대로 좋다』, 선집 『탱고 그 관능의 쓸쓸함에 대하여』, 『까마귀』가 있으며, 작가 묘지 기행 『인생은 아름다워라』, 『그들 앞에 서면 내 영혼에 불이 켜진다』, 『주역에게 길을 묻다』, 『본래 그 자리』, 『시간의 강가에서』, 한 줄로 읽는 고전 『하늘의 피리 소리』 등이 있다.

제4부

마음에 녹아든
경전의 말씀

16

현명한 지도자와 지혜의 완성:
『인왕경』

김태진

2600여 년 전, 어느 새해 정초에 인도 16개국의 왕들이 모여서 나라를 지키고 보호하는 법에 대해 붓다 세존께 지혜를 여쭈었는데 그중 코살라국의 바사익 왕이 대표로 붓다께 물었다.

"붓다 세존이시여, 전쟁과 같은 일곱 가지 천지 재앙이 왜 일어나는 것입니까?"

"왕들이여! 그것은 수많은 사람들이 부모에게 불효하고, 스승과 어른을 공경하지 않고, 출가 사문과 여러 종교 성직자들과 국왕과 고위관리들이 바른 법을 행하지 않는 까닭이니. 이 모든 나쁜 습관으로부터 그런 재앙이 일어난다."라고 말씀하시고, 이어서 "과거 전생에 복을 지어 제왕 등이 되었건만, 만약 왕과 그의

신하들이 복을 다 소진해서 나라에 도가 없을 때는 성현들이 무
관심함으로써 국가 사회적 재난과 혼란들이 마구 생겨나 어지러
워질 것이다."라고 말씀하셨다.

이토록 재앙이 종횡으로 일어날 때, 그때 세상이 텅 비게 될 때 호
국·호법·호민을 위해 『인왕호국반야경』에 의지해야 함을 목숨처럼
일러주고 계신다.

필자가 대표적 호국 경전인 이 『인왕경』을 처음 알게 된 것은 고등
부 불교학생회 시절, 은사 광덕스님께서 "나라의 국난을 극복하기
위해 신라는 팔관회, 백고좌 인왕법회를 열었다."는 법문에서 비롯
된다. 그 인연은 공직에 입문하여, 도문스님이 일제 강점기 3·1독립
선언 33인 중 한 분인 용성스님이 번역하신 조선글 경전 중 『호국호
법삼부경』을 1987년 9월에 간행하신 덕에 『인왕경』을 다시금 만나
게 되면서 이어진다. 하지만 이 『호국삼부경』에는 용성스님의 유훈
에 따라 『법화경』과 『금광명경』 외에 『인왕경』은 번역되지 않은 채
한문 원문만 수록되어 있어 한글화의 원력을 내었다.

지난 공무원불자회장 시절인 2007년 6월 '제1회 호국영령 순직직
원 천도법회'를 현재까지 열여섯 차례 봉행해 오고 있다. 그 무렵 이
를 '호국법회'로 명명하고 나니 불교신행 공직자의 본분과 정체성을
경전에 근거해야 함이 더욱 절실해졌다. 필자는 공직 퇴임을 앞두고
'진리의 사회화' 일환으로 이 시대의 언어로 된 한글 『인왕반야경』을
'현명한 정치지도자가 나라를 보호하고 지키는 지혜의 완성'이란 부

불법을 지키는 사천왕이 새겨진 경주 황룡사지 탑신 유구

제를 달아 몇 해 전 세상에 처음 내놓게 되었다.

『인왕경(仁王經)』은 『불설인왕호국반야바라밀경(佛說仁王護國般若波羅蜜經)』의 약칭으로, 한역본으로는 네 종류의 역본이 있었다. 서기 401년 구역으로 불리는 진나라 구마라집(鳩摩羅什, Kumārajīva)의 『인왕호국반야바라밀경』이 있고, 이보다 364년 뒤인 서기 765년 새로 번역된 신역인 당나라 불공(不空: Amoghavajra)의 『인왕호국반야바라밀경』 등 두 개의 대장경 판본만 현존할 뿐이다. 필자로선 비교적 두 경전의 요체는 별로 다를 것이 없어 이를 혼용하여 번역하게 되었다. 구역과 마찬가지로 불공의 신역 또한 상하 2권으로 분류하여 상권은 1. 서품 2. 관공품 3. 보살교화품 4. 이제품으로, 하권은 5. 호국품 6. 산화품, 7. 수지품, 8. 촉루품으로 그 시대 사람들에게 알맞게 표현하고 있음을 알 수 있다.

상권을 요약해 보면 주로 붓다께서 증득하신 진리를 시설하셨는데, 현재 우리 몸은 꿈속에서 움직이는 것이요, 실제처럼 보이나 지혜로 관조하면 육신이 바로 허상이란 것이다. 우리가 보고 있는 세계는 전부 다 무아이므로, 이를 직관한다면 중생으로 겪어온 모든 고통과 액난에서 벗어나 걸림이 없는 지혜의 완성인 반야바라밀을 성취함을 일러주어, 인왕법회에 동참한 모두가 위없는 진리의 구현자로서 반야지혜를 이루도록 하였다. 호국을 위해 먼저 불법을 내적으로 수호하는 호법의 화신이 되도록 하신 것이다.

하권에서는 우리가 살고 있는 현실 세계에서 이 같은 궁극적 진리를 세상의 진리와 계합, 이를 화현하여 나라를 수호하고 생명을 보호하는 열네 가지 방도를 나타내 보이시고, 붓다께서 '완전한 지혜의 서'를 왕들에게 위촉하고 간절히 당부하여 대대로 이어지기를 바라는 것으로 거룩한 회향을 하고 있다. 즉 호법(護法)이 바로 나라를 수호하는 호국과 둘이 아님을 밝혀 믿음이 있는 군주를 현명한 대승보살로 부촉하여 그로 하여금 불교, 진리를 외호토록 한 것이다.

원전(原典)이 발견되지 않아 성립 시기는 한역을 기준으로 "대략 3~4세기경으로 보인다"며 인도 기원보다는 중앙아시아나 중국 기원설을 제기하기도 한다. 하지만 『인왕경(仁王經)』은 『대장경』에 편입되어 동아시아 각 나라마다 중요하게 떠받들던 경전이었으며, 우리 역사에 등장하는 신라의 '인왕백고좌법회(仁王百高坐法會)'는 바로 이 경전에 근거하여 시설해 온 것이다.

특히 신라는 인왕법회를 위해 진흥왕 27년(서기 566)에 호국사찰 황룡사를 창건하고 574년에는 5미터가 넘는 삼존불상을 조성, 진평왕 6년(서기 584)에 금당을 지어 안치하게 된다. 선덕여왕 12년(서기 643)에는 당나라 유학에서 돌아온 자장(慈藏)율사의 권유로 외적을 물리치기 위한 방편으로 이른바 황룡사 9층 목탑을 645년에 완공한다. 황룡사는 93년간 호국 일념의 국가사업으로 조성하였다. 비록 불타 없어져 안타깝지만 '신라의 땅이 곧 부처가 사는 땅'이라는 신라인 특유의 불교관이 깃든 유서 깊은 곳이다.

『삼국유사』에 신라와 고려는 국가적 위기를 이 경전의 가르침대로 백일 동안 '반야바라밀다'를 암송하며 백 위(位)의 불보살상과 등(燈),

향, 그리고 꽃으로 장엄하여 100명의 법사를 법회 높은 자리에 모셨다. 후에 신라는 삼국을 통일하게 되고 고려는 후삼국을 통일하게 되니 오늘날 2국 체제인 분단국가 대한민국에서 살아가는 우리에겐 시사하는 바가 크다.

인왕법회 장엄도량에 100명의 법사를 높은 사자좌에 모시고, 국왕과 문무백관들은 하단에서 법회를 청하는 광경은 그 자체로 국난극복의 총화요, 국론통일의 구심점이 아닐 수 없다. 매일 같이 삼국이 서로 전쟁을 치르니 오늘은 지아비가 죽고 내일은 그 아들이 죽어가는 아비규환 속에 임금인들 더 이상 민초들의 눈물과 피, 거룩한 희생을 강요하기 쉽지 않았을 터 아닌가. 호국이 총칼에서 나오는가 아니면 반야지혜에서 비롯되는가? 고승들의 법문 한 가지씩 백일 동안 새기고 또 새기니 마침내 호법으로 하나 되어 갔으리라.

나라 위해 희생하신 무지렁이 백성들을 호국영령으로 추모하고 불법의 위신력으로 승화하니 어버이로 군림하던 왕은 어진 임금으로 국민들과 더불어 생사를 넘어 진리를 향한 도반이 되고 마침내 관민이 하나 되어 국난극복의 원력을 성취한 것이다. 통일국가인 신라와 고려의 원천이 바로 그것에서 비롯된 것임은 『인왕경』을 읽으면 읽을수록 드는 생각이다.

나라가 어지럽고 국난에 처하는 것은 바로 반야바라밀을 수행하지 않기 때문이며, 반야지혜를 통해 국난을 극복할 수 있다는 믿음이 곧 호국의 길임을 보여준다. 『인왕경』은 물론 대다수 대승경전 또한 반야바라밀다를 "모든 부처님의 어머니요 모든 보살의 어머니"로서 반야바라밀, 즉 지혜의 완성을 불교의 핵심 가르침으로 내세운다. 이는 나라에 정법구현, 파사현정이란 완전한 지혜의 길이야말로 바로 호국의 길에 다름 아님을 일러주는 것이리라.

돌이켜보면 최근에만 해도 전 세계 어린아이와 어머니들을 포함하여 숱한 사람들이 천 건이 넘는 작고 큰 테러와 전쟁에 희생되었다. 2022년 2월 시작된 러시아와 우크라이나 간의 전쟁은 해를 거듭하여 계속되고 있고, 2023년 10월에 발발한 이스라엘과 팔레스타인 간의 전쟁은 역내 확전 우려로 세계가 긴장하고 있다. 우리나라도 북핵 위협 등으로 1등급 위험지역으로 선정되었다.

어머니를 잃은 아들은 전사가 되어 '눈에는 눈, 피에는 피'라는 핏빛 증오와 복수가 대를 잇고 있다. 시작도 끝도 보이지 않는 무서운 인과의 명백하고 현존하는 모습이 분명하다. 이제 테러는 '끝없는 전쟁'이 되고 테러 분자의 상상력과 이를 막기 위한 상상력 간의 치열한 싸움이 되고 있다. 말할 것도 없이 전쟁과 천지간의 재앙과 테러, 북한 핵 등 세계적 위기가 국가에 만연해 있다. 이름하여 위기의 상존이다. 그 위기에 대처하는 상상력이야말로 인간의 능력과 지혜로는 도저히 따를 수 없다.

일평생 공직을 수행해온 필자가 나라와 국민 사랑이 호국이란 소신을 지켜 온 데에는 어머니와 함께한 작은 소망에서 비롯되었다. 평소 어머니는 "품어주고 길러준 은혜 없지 않겠으나 이 나라가, 이 사회가 너에게 베푸는 것이 한없으니 나라 사랑의 큰 뜻을 명심하라"고 늘 말씀하셨다. 국무를 담당하던 필자에게 이 말씀은 전범과도 같은 것이었다. 오늘따라 큰 울림이 되어 마음을 때린다. "아무리 이 에미가 전쟁터에서 포탄을 피해 너를 안아 주어도 안전을 약속할 수 없다. 그것은 나라가 보호해 주는 것이다."

어머니와 함께한 시간을 생각해 보니 소소한 행복 그 자체이다. 이같이 행복을 지키고 살아가려면 나라와 사회에 환난이나 재난, 전쟁과 테러가 발생하지 않도록 해야 하는 것은 당연한 이치이다. 어머니가 소원하신 안전한 나라, 그 나라를 보호하고 사랑하며 생명을 지키는 것이야말로 행복의 근원이라 할 것이다. 행복은 어디에서 오는 것인가. 그냥 주어지는 것인가? 아니다. 정녕 지키고 보호해야 한다. 이렇듯 모든 사람의 행복은 스스로 나라를 보호하고 자신의 생명을 지키는 것에서 비롯된다. 즉 호국이야말로 우리들의 행복이자 진정한 복지이며, 우리의 현존 그 처음과 끝이 아닐 수 없다. 오래된 현재진행형이리라.

붓다께서 인도 대소국가 16명의 국왕에게 말씀하셨다. "만약전 국토가 적들에 의해 불타고 파괴되어 불안과 공포와 혼란이극에 달할 때는 국왕과 왕자와 모든 고위 관리들이 오직 자신의권력과 위력만 믿고 종교지도자들 또한 바른 법을 쇠퇴시켜 국민의 바른 행동이 없어 탐욕과 투쟁이 난무하여 붓다의 가르침이 땅에 떨어질 때이다."

"무릇 임금이나 모든 지도자들은 국민들을 지배와 통치의 대상이나 수단으로 보지 말며, 불보살과 같이 받들어 모시는 대자대비의 마음을 행하라."

　이제 눈 밝은 국민들은 누가 국민의 뜻, 법과 원칙에 따라 행업을 실천 또는 감당하고 있는지, 또 앞으로 올 이 시대의 지도자인지, '현명한 정치지도자가 나라를 보호하고 지키는 지혜의 완성'인 『인왕반야경』을 가늠자로, 언제 올지 모르는 천지 재앙을 극복하는 원력과 그 의지처가 되길 소원한다. 이야말로 1600여 년 전 통일신라와 고려시대 호국의 화신이던 『인왕반야경』을 먼지 쌓인 장경각에서 이끌어내어 이 시대의 살아 있는 찬란한 말씀으로 되살린 이유이자 국민통합과 국난극복의 간곡함 아니겠는가. 이제 『인왕경』 화신이 되어 그 진면목을 목격하는 순간 불가사의한 인연법과 만나고, 삼계화택의 불구덩이 같았던 내 마음에는 꽃비가 내리고, 상서로운 기운과 맑은 향기가 가득하다. 오! 『인왕반야경』이여!

김태진

동아대학교 법학박사로 동 법무대학원 교수, 연세대 연구위원, 한국헌법학회 수석부회장을 역임했다. 저서로는 『논, 아득한 성자』, 『인왕반야경』, 『과거와 대화, 미래의 성찰』, 『헌법스케치』 등이 있다. 한국문인협회 회원, 『한국불교문학』 편집위원, 만해사상실천연합 상임감사, 한국공무원불자연합회 고문, 한반도미래전략연구소장, 글로벌문학상 심사위원장·문화예술위원장으로 활동하고 있다.

17

우리 인생은 개인 몫만 아니다:
『화엄경』 만난 인연

황다연

무수한 생명의 어울림 한마당인 세계를 음악적으로 설명하면 하나의 화음이다. 이를 다시 부처님 우주관에서 볼 땐 일체 생명계 일체 현상의 움직임들은 곧 화엄(華嚴)이다. 이 세상이 하나의 거대한 책이라면 곧 일체 생명이 생멸하는 대자연은 그대로가 불멸의 경전이랄까.

그야말로 불가사의한 생명체인 인간으로 살면서 도외시할 수 없는 우리가 희구하는 복(福)은 기본적으로 환경의 풍요로움 속에 있다. 그러나 대(代)를 이어 오래 누릴 환경의 풍요를 조성하는 바탕인 더 중요한 덕성은 의식의 풍요로움 속에 있다고 하겠다.

우리가 성장하고 성숙해 가는 과정에서 일차적 정신교육 현장은 가정이고 이차적 학식 습득은 단계별로 프로그램된 제도권 교육에 있다. 이 단계를 계속 밟아가다 보면 어느 지점에서 한계에 도달한다. 그 한계 너머 무한 세계를 찾다 보면 저절로 고전의 세계에 진입하게 된다. 일상성 속에 겪는 여러 갈래 고통을 넘어서는 공부는 한정 없는 수행이 뒤따르는, 즉 내겐 경전 공부에 있다고 느껴졌다. 그 연장선상에서 오래 축적된 독서의 힘으로 여러 권의 책을 출간했고 덕분에 나를 손짓하던 수필단체에 들어갔다. 어느결에 그 단체협회지 주간을 맡았을 때 불교단체도 아닌데 왜 그때 표지화를 세계적 선화가로 알려진 수안스님께 부탁드릴 생각을 했을까. 두 번째 방문했을 때 스님께선 내게서 남다른 기운을 느끼셨는지 '정수리 보자', '손바닥 펴 봐', '생년월일 말해 봐' 하시며 내 신상에 나타난 운명을 읽으셨다.

표지화 찾으러 다시 찾아뵈었을 때 차 마시는 동자 그림을 표구한 선물과 백화점 상품권, 연꽃 그림 등등을 주시면서 『화엄경』을 매일 기도하듯 조금씩 읽어봐요. 그러면 불광(佛光)의 에너지를 받을 수 있을 거야.' 하셨다. 그 말씀이 내 몸 안에 가득 차오른 다음 날 부산에서 제일 큰 영광도서에 갔다. 백용성 대선사 번역본이 2,000년도에 재발행된 정가 십만 원짜리 딱 한 권이 대사전 방식으로 모습을 나타내 나를 손짓하고 있었다. 기꺼이 곧장 모셔 와 펼쳐보니 법손 도문 선사께서 이 나라 불교계의 중추적 인물 백용성 대선사 발자취를 뒤편에 실었는데 그것을 읽어보니 '아! 이분은 보현보살의 화신(化身)이시면서 비로자나불의 현현(顯現)'이라는 생각이 들었다. 조국광복과 불교중흥을 위해 30여 종의 불서 저술과 20여 종의 역경을 해내시는

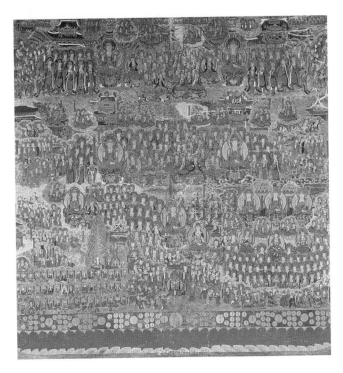

국보 제314호 순천 송광사 〈화엄경변상도〉

가운데 웅장한 80권 화엄을 대본으로 한 『화엄경』을 번역하신 위업을 이루셨다. 해인사 대장경판 보수, 각종 선회(禪會) 개설, 봉익동 대각사 건립, 대사동에 임제종 중앙선종 교당 건립 그리고 독립자금 조달 목적으로 산속에 과수원 경작, 또 3년여 동안 북청에 있는 금광까지 경영하셨으며 민족대표 33인 중 한 분으로 3·1 독립운동을 주도하다 옥고를 치르신 일 등등. 초인적인 힘으로 초능력을 발휘하시며 장엄한 발자취를 남기신 백용성 대선사…… 민족정기를 일깨우고자 고군분투하신 삶 앞에 저절로 두 손 모아 합장하게 된다.

세월이 흘러 절판된 『화엄경』을 법손 도문대사 대원력의 힘으로 3년여 동안 불교문학을 전공하신 사재동 교수의 도움을 받아 중복된 내용을 제외하고 일부 현대 문장으로 옮겼고, 불교 서적을 전문적으로 발간하는 김정길 사장님의 협조로 이 방대한 대작 불사를 원만회향하게 되었음을 밝히셨다.

중생은 업(業)에 의해 태어나고 보살은 서원(誓願)에 의해 태어나신다고 했다. 셀 수 없어 '천백억 화신(化身)'으로 표현된 제불보살 화신들이 생명사회 평화를 도모하고자 끊임없이 제 몫의 일을 하고 계시는 감인토(堪忍土) 사바(娑婆)는 이래서 언제나 층층의 다양함으로 화엄을 이루고 있다. '선재'라는 상징적 인물이 53 선지식을 찾아가는 구법(求法) 여행을 통해 존재의 완성도를 높여가는 과정을 그린 현묘한 화엄의 바다…… 오래 수행하다 보면 만덕(萬德)이 쌓여 덕과(德果)가 무르익으면 저절로 뭇 생명을 이롭게 하게 되는 보현행의 길 화음(和音), 화엄(華嚴)…….

대승불교 경전 최고봉인 『화엄경』은 부처님 성도 후 제일 먼저 설법하셨으나 사람들이 알아듣지 못했다고 알려져 있다. 부처님도 구법(求法) 여행을 하셨는데 최고 단계에 이르러 더 이상 당신을 가르칠 스승 없음을 아셨을 때 보리수나무 아래서 6년 고행을 닦으셨다. 공부가 무르익어 존재의 이유에 대해 어떤 의문도 남음이 없는 상태에 결국 도달하여 성도를 이루신 것이다. 선재의 53 선지식 찾아가는 과정도 이러한 이유인 것.

가히 함부로 설명할 수 없는 화엄사상은 정토사상 영향을 받아 생명의 실상을 통찰하게 하면서 서원(誓願)의 갑옷을 입게 만든다. 많은 문제 안에 살기에 사량분별심(思量分別心)을 벗어나야 함은 한 생각이 쉴 때라야 존재의 평정이 가능해서다.

전생에도 불교 경전을 이윽히 들여다보고 살아왔던가. 아무리 경전을 오래 들여다봐도 지루하거나 싫증 나지 않는다. 어느덧 내 정신 세포 하나하나 사이에 불광(佛光)의 에너지가 드나들었음인가. 내 삶 발자취에 스며든 보살 마음 한 가닥 한 가닥이 새삼 운명의 작용임을 느낀다.

덜 닦여 아둔한, 곧 지혜 부족으로 피할 수 없던 내 삶 몇 마당 고난의 페이지에 남겨진 생활의 피멍 자국은 그러나 이유 모를 바람으로 사라지지 않고 꾸준히 나를 확장시키며 더 깊고 더 높은 곳을 향해 나아가게 하는 자양분이 되었다. 고단위 섭리의 씨줄과 날줄로 지은 내 수필 속엔 생명 사회 평화를 일구는 문인으로서의 존재 이유가 등불 역할을 했다고나 할까.

자력(自力)이 다할 때 가피지력인 타력(他力)이 나타난다고 한다. 모든 것을 결정하는 주체는 마음이기에 마음이 창조주라고 한다.

이미 깨달았지만 중생제도를 위해 중생 상태에 머무는 보살은 어떻든 중생계 정화(淨化)를 끊임없이 돕는다. 그래서 보살 십지품 이구지(離垢地)에선 보살지계가 논의되어 있는데 "윤택한 말과 부드러운 말과…… 여러 사람이 사랑하고 즐거울 말과…… 몸과 마음에서 즐거움이 솟아나는 말을 항상 낼지니라"란 먼저 입으로 짓는 죄를 경계하려 생활 용어 향상을 비롯하여 보살도를 실현할 언어생활을 구체적으로 제시해 놓았다. 그러면서 보현행품에서 보현보살 마하살의 마지막 말씀이 엄청난 에너지원으로 대두한다. "불자야 우리 모두가 이름이 보현이니……." 보현행이 보살의 행원(行願)이기에 결국 보현행을 수행해 가는 과정이 우리들의 구법(求法) 여행임을 깨닫게 하고 있다.

부처님 품 안에 들어왔다면 일체중생을 이롭게 하는, 일체 생명을 꽃피울 무목적성 보현행을 마땅히 추구해야 한다. 이를테면 예경제불(禮敬諸佛)이 되는 '고맙다'란 말, 칭찬 여래가 되는 '잘했어'란 말, 그 어느 순간 자신의 부족함을 발견하며 업장(業障) 참회가 되는 '미안하다'는 말들을 아끼지 말아야 한다. 요익(饒益) 중생의 길이 보현행의 길이지 않은가.

진리가 세상에서 가장 위대하다는 의미인 대방광(大方廣), 부처님이 만행(萬行)의 꽃을 피워 장엄함을 의미하는 불화엄(佛華嚴), 여기에선 부사의(不思意)한 생명의 본질이 곧 보현(普賢)이다.

일승불교 철학이 지배했던 신라시대는 『화엄경』이 신라 불교의 핵심이 되어선지 의식 수준이 높았다고 한다. 그래서일까. 『화엄경』을 들여다보아야 부처님 은혜를 알 수 있다고 한다.

마음을 어떻게 사용하느냐에 따라 운명이 달라지기에 마음을 보살 마음으로 사용하는 선용기심(善用基心), 즉 보현행은 이래서 우주 보편의 원리라고 할 수 있다.

다시 한참 되돌아가서 보살문명품 한 구절인 "마음이 업을 알지 못하며 받음이 보(報)를 알지 못하며…… 인(因)이 연(緣)을 알지 못하며 연(緣)이 인(因)을 알지 못하며……." 그러기에 우리들의 수행은 멈출 수 없는 것이다. 업과를 이루는 허물을 만들지 않으려면 끊임없는 자아탁마, 마음 수행뿐이기에 정행품에선 문수사리보살이 지수보살께 "만일 보살이 그 마음을 잘 쓰면 모든 면에 곧 모두 뛰어나고 묘한 공덕 얻으리라"고 지혜롭게 잘 사는 삶의 대가가 평이하게 명시되어 있다. 또 비로자나 품으로 돌아가 보면 "행(行)이 용렬한 자는 이 방편을 알지 못할지니 큰 정진의 힘을 얻은 뒤에야 능히 세계 바다를 깨끗이 하리니"란 구절에선 모든 경전이 제시하는 자기 정화(淨化), 청정심 회복이 보살도에 오르는 꾸준한 학습 과정임을 거듭 주지시키고 있다. 운명을 만드는 마음자리는 헤아릴 길 없고 이치의 세계가 너무 오묘해 『화엄경』은 일어남과 소멸하는 것은 불가사의하다 했다. 그러면서 존재의 완성도를 높이는 공부는 보현행에 있다고 이 『화엄경』은 일러주고 있다. 우리는 어차피 다양한 문제 속에서 다양한 계층 사람들과 더불어 살아간다. 전생의 서원으로 관음, 보현 역할을 하며 운명적인 업무를 이행하는 보살이 사는 국토도 중생이 사는 삶의 현장이다.

가장 위 없는 공부는 제도권 교육, 교과서에 있는 게 아니라 대자연 생명 사회 낱낱의 존재 이치 속에 있기에 일반 육안(肉眼)으론 해량할 수 없는 한계가 있어 외·내연으로 자신을 크게 확장하려면 부분만이 아닌 전체를 볼 줄 아는 통찰력이 있어야 한다.

어떻든 마음가짐이 행위를 유발하기에 기도 시간엔 언제나『화엄경』앞에 합장하고 입법계품에서 나를 압도한 글귀 "네가 무량세계가 없는 복덕 바다에 보현행을 닦으면 모든 큰 원(願)을 성취하리라"는 덕운비구께서 선재에게 일러주신 이 말씀 한 구절을 경건하게 읊조린다. 나는『화엄경』의 여러 내용 중 내 삶을 자극하는 글귀들을 읊으면서 거듭 새롭게 태어나는 과정 속에 있다. 복(福) 중에 큰 복은 자기를 이끌어 올리는 큰 스승을 만나는 일, 이를테면 길상 인연 만나는 일인데 내 삶 굴곡진 곳에 묵연히 깃든 인욕행이 플러스 에너지를 불러들여 여러 길상 인연을 연결해 주었다.

어디서나 정신이 건강한 사람으로 살아야 만물을 이롭게 해줄 수 있다. 흔히 관상학적으로 눈빛이 맑아야, 그 얼굴이 밝아야 그 삶에 질적(質的) 발전이 가능하다고 한다. 우리 인생은 우리 개인 몫만이 아니다. 미세하게 만물과 연결되어 있어 만물에게 영향을 끼친다. 넓게는 내가 머무는 사회, 나라, 지구촌 우주 법계 일체 생명에게 영향을 끼친다. 어렵게 사람 몸 받고 태어났는데 최대한으로 수행하여 최상승의 값어치를 다하고자 그냥 하염없이 길상 에너지를 길어 올려 파급시키는 것이 내 존재의 일상적인 도리다. 이것이 내가 재가불자로 서 아니 그 이전 누구의 자손, 누구의 부모로 살아가는 무조건의 예의다. 굳이 문자로 표현하면 수행지수가 높아질수록 주어진 현실에 만족하는 마음이 저절로 생겨난다고 본다. 사소한 일에도 감사하는 마음이 저절로 생긴다. 그러기에 내 생활 도구에게도 일상적으로 건강에 대한 감사함을 낮은 목소리로 표현한다. 이것은 나와 함께 존재하는 일체물상에 대한 기본적 보현행이다. 쉬울 리 없지만 늘 생명의 어머니 대지와 같은 마음으로 산다면 오롯이 이 세상에 온 이유를 충족시킬 수 있으리라.

황다연

1975년 『시조문학』으로 등단하였다. 저서로는 시조집 『생명』 등이 있고, 수필집으로 '현대수필가 100인 선집' 『내면으로의 여행』 등이 있으며, 한국문인협회·한국시조시인협회·수필부산문학회 회원이다. 조계사동산반야회에 소속되어 무진장대법사 기초교리를 수강하였고, 이기영 박사가 설립한 한국불교연구원 부산구도회에서 경전 공부를 하였다.

18

불이법문不二法門을 침묵으로 설하다 : 내가 만난 『유마경』

성민선

지난해 봄, 처음으로 유마거사가 지은 『유마경』을 읽게 되었다. 불교신행연구원 김현준 원장이 직접 번역·출간한 『유마경』(효림출판사, 2021)을 비롯해 여러 권의 『유마경』을 앞에 두고 비교하며 읽었다. 신기한 것은 4년여의 긴 시간에 걸쳐 코로나19가 여전히 인류의 생사를 위협하며 기승을 부리고 있던 때 사람들에게 어떻게 병을 대할 것이며 어떻게 병에서 벗어날 수 있는지를 설하는 『유마경』을 시의적절하게 만났다는 사실이었다. 또한 경전에서 유마거사가 대승의 불이중도(不二中道)를 말 한마디 없이 침묵으로 설하는 모습은 경이로웠다.

『유마경』은 『유마힐 소설경』이라고도 불린다. 석가모니 부처님과 같은 시대에 북인도의 상업도시 바이샬리(비야리 성)에 살던 재가불자

유마힐 장자가 설법주다. 유마힐(維摩詰)은 산스크리트어 Vimalakirti 의 한자 음역으로 '깨끗한 이름'(淨名) 또는 '때 묻지 않은 이름'(無垢稱)을 뜻한다. 그는 가난한 사람들을 구제하고 전교했으며, 숙세(宿世)의 불연으로 부처님에 버금가는 위신력과 변재를 구사하며 대승(大乘) 그 자체인 대보살로 그려진다.

『유마경』은 경 전체가 하나의 거대하고 재미있고 유익한 희곡 무대처럼 구성돼 있다. 각 장면마다 끝 가는데 모를 문학적 상상력이 뭉게구름처럼 피어오른다. 그중에서도 제2 '방편품'과 제5 '문수사리문질품' 그리고 제9 '입불이법문품'은 압권이다.

유마거사는 방편 삼아 칭병하고 자리에 누웠다. 석가모니 부처님은 10대 제자들과 미륵보살 등 보살들에게 차례로 거사의 병문안을 부탁하셨으나 응하는 이가 없었다. 그들이 어느 한때 유마거사로부터 그들의 소승적 태도를 지적받았던 경험 때문이었다.

유마거사는 마침내 부처님의 부촉에 응한 문수보살의 질문(疾問)을 받으며 두 철인의 유명한 대론이 펼쳐진다. 문수보살이 병이 생긴 원인과 어떻게 하면 나을 수 있는지, 마음은 어떻게 다스려야 하는지, 불이법문은 어떻게 해야 하는지 등에 관해 묻고 거사가 답하는 형식이다.

"어리석음을 좇아 애착을 갖게 되어 나의 병이 생겼나니 중생이 병들었으므로 나도 병든 것이요, 만약 모든 중생이 병들지 않으면 곧 나의 병이 사라질 것이니, 왜냐하면 보살은 중생을 위하는 까닭에 생사에 드는 것이요, 생사가 있으면 곧 병이 있거니와, 만약 중생이 병을 여의면 곧 보살도 병이 없습니다. 무엇으로 인해 병이 생겼냐고 물었는데 보살의 병은 대비심(大悲心)에서 생기는 것입니다."

"이 병은 나라고 하는 집착으로 말미암아 생긴 것이므로 나에 대해서 집착하지 말아야 합니다."

"백 한 가지 병에 시달리고 있는 이 몸은 재난 덩어리이며 늙어 죽을 날이 가까이 오고 있는 이 몸은 저 언덕 위의 마른 우물과 같고……, 오음과 십팔계와 십이입이 합하여져서 만들어진 이 몸은 독사 같고 원수 같고 도둑 같고 텅 빈 마을과 같습니다."

"근심덩어리인 이 몸을 싫어해야 할 것이며 좋아해야 할 것은 불신(佛身), 곧 법신(法身)이며, 법신은 무량한 청정법으로부터 생겨나니 일체중생이 여래의 몸을 얻고 병을 끊고자 한다면 마땅히 '아뇩다라삼먁삼보리심'을 내야 합니다."

유마거사는 이번에는 문수보살을 따라온 보살들에게 불이법문에 들어가는 생각을 말하게 한다. 32명의 보살들이 차례로 '서로 다른 둘이면서 전체로는 같은 하나'인 불이법문에 들어갔다. 예를 들면, 법자재 보살은 "생과 멸을 둘이라 하나 법은 본래 나지도 아니하고

중국 둔황 석굴 벽에 그려진 유마거사

이제 없어질 것도 없으니 이 무생법인을 얻는 것이 불이법문에 들어가는 것입니다."라고 말한다. 마지막으로 문수보살이 자신의 생각을 말하면서 유마거사의 불이법문을 청하였다.

> "내 생각으로는 일체 법에 대해 말이 없고 설할 것이 없고 보여줄 것이 없고 알 것이 없나니, 모든 문답을 떠나는 것으로 불이법문에 들어감입니다. 우리들이 제각기 설하였으니 어진이여 설하소서. 어떻게 보살이 불이법문에 들어갑니까?"
>
> 그러자 유마거사는 침묵할 뿐 말이 없었다[良久, 默然無言].
> 문수보살이 찬탄하여 말했다.
> "참으로 훌륭하십니다. 문자와 말과 설명, 그 모두가 없는 것이 참으로 불이법문에 들어감입니다."

이 대화를 보고 들으며 대중 가운데 있던 5천 보살이 다 불이법문에 들어 무생법인(無生法忍: 남이 없는 법의 이치를 증득하는 것, 곧 공이요, 불생불멸임을 철저히 깨달아 마음의 평화로움을 얻은 경지)을 얻었다고 경전은 쓰고 있다.

코로나19 팬데믹의 여파는 우리 집도 피해 가지 않았다. 팬데믹이 길어지는 동안 집안에서 움츠리고 살면서 운동은 부족한데 외식 주문으로 배달 음식을 많이 먹었던 탓도 있겠다 싶은데 건강검진 결과 나의 신장 기능이 떨어진 것으로 나타났다. 식이조절을 권고받았다. 6월이 되어 엔데믹이 선언될 무렵에는 우리는 부부가 함께 처음으로 확진자가 되기도 했다. 둘 다 가볍게 지나간 것이 다행이었다.

그 무렵 나는 『유마경』으로 어느 정도 면역을 기른 때였기에 몸과 병에 대해 집착하며 걱정하고 불안해하는 대신에 병을 낫게 하거나 더 나쁘게 하지 않는 조건을 만드는 노력에 주의를 기울일 수 있었다. 병에 대해 되도록 희망적인 태도를 가지려 했고 마음이 평온해졌다. 그리고 나와 연결되어 있는 '우리들'뿐 아니라 '우리들이 아닌 모든 다른 존재들'의 아픔과 고통에 대해서도 같이 아픔을 나누는 비심(悲心)을 내게 되었다. '내가 아프면 나만 아픈 것이 아니고, 남이 아프면 남만 아픈 게 아니고, 우리가 아프면 우리만 아픈 게 아니라'는 연기적인 아픔의 큰 세계에 처음으로 눈을 떴다고 할까.

팬데믹 기간 중 제일 어려웠던 일은 남편과 자주 부딪혔던 일이다. 내가 무슨 말을 하면 전혀 듣고 있지 않는 것처럼 무응답이나 침묵으로 대응하는 남편의 속마음을 알 길 없어 답답했던 적이 많았다. 이따금 이유 모를 화를 내거나 찡그린 남편의 얼굴을 보게 될 때는 내 안에서 화와 원망이 솟구치기도 했다. 그러면 나는 남편에게 많은 말을 쏟아내곤 했다. 왜 평생 애쓰고 산 아내를 무시해, 늙고 힘없는 아내의 말을 왜 안 들어줘, 친절하지 않다, 자비가 없다, 사랑을 모른다, 기울어진 사람이다…… 등등, 그의 자존심에 상처를 줄 심한 말도 서슴지 않았다. 서로 원하는 것이 가정의 화목 하나라는 것을 잘 알면서도 말은 빗나갔다. 이러다가는 평생의 관계가 무너지겠다 싶은 위기감을 느꼈고 뭔가 근본적인 해결책을 찾지 않으면 안 되겠다는 절박감이 엄습하던 때 『유마경』의 침묵이 내 가슴을 노크했다.

전담 상담자인 유마거사가 내 마음 속병의 원인을 스스로 알아차리도록 도와주었다.

"공의 도리를 아는 지혜가 있어야 자비와 연민의 마음을 낼 수 있고 더 지혜로워진다."

"'나'와 '너'가 다르지 않다, 나와 너 우리는 하나다."

불현듯 마음속에 가득 차 있던 오염물을 쏟아내고 분별을 멈추니 불이(不二)가 보이고 중도가 보였다. 나의 지혜와 자비심이 얼마나 부족했던 것인지, 남편의 침묵에 담긴 뜻을 모른 채 많은 말과 자기주장으로 상대편을 내 맘대로 하려고 했던 허황된 욕심을 자성하고 참회할 수 있었다.

유마거사의 침묵 설법은 내 가정의 평화를 위해서도 필요한 기술이고 지혜였다. 아니 마법이고 예술이었다. 갑자기 남편이 보살로 보이기 시작했고 나는 어느덧 남편을 마음으로 보살님으로 부르게 되었다. 팬데믹 기간 내내 집안 쓰레기 치우는 것은 물론 부엌살림을 도와주고 자기가 할 일이라고 생각한 것은 말없이 꼬박 다 하지 않았던가. 뭘 한다는 상을 나타내거나 왜 자기가 하느냐는 불평 없이 묵묵히 다 한 남편이다. 반면 나는 글을 쓴다고 책상 앞에 붙박이처럼 앉아 있기 일쑤였고 나를 위해 노트북이나 스마트폰 등이 작동이 되지 않을 때 손을 봐주는 것은 그였다. 내가 공부하러 다닌다면서 밖으로 나다닐 때 그가 혼자서 끼니를 챙겨 먹거나 아예 끼니를 걸렀던 일은 또 얼마나 많았던가. 매사 감사한 줄은 모르고 나는 '더, 더' 하고 내 욕심을 부린 꼴이었다.

노자(老子)는 무위(無爲)의 철학을 말하면서 성인은 일을 삼지 않는 무사(無事)로 임하며 '말하지 않음의 가르침을 행한다'(行不言之敎)고 하였는데, 남편이 내게 일일이 응대하고 가르치려 하지 않고 침묵이나 함구, 그리고 간혹 화난 얼굴로 나를 대해 준 것이 일을 크게 벌이지 않고 나를 곤경에 처하지 않게 하는 지혜로운, 오히려 친절한 처사였음을 늦게라도 알아차렸다.

『유마경』이 나를 일깨워주었듯이 현대인에게 주는 함의는 매우 크다 하겠다.

첫째는 우리에게 생기는 몸과 마음의 병은 집착으로 인해 생기는 것이므로 집착을 내려놓는 보리심 수행으로 그 집착의 뿌리를 뽑을 수 있다.

둘째는 지혜를 닦으면 나와 연결되어 있는 '우리들'뿐 아니라 '우리들이 아닌 모든 다른 존재들'의 아픔과 고통을 연기적 관계와 대자비로 볼 수 있게 된다. 나와 연기 관계에 있는 다른 사람, 이웃, 우리들의 더 큰 아픔과 고통을 대비심으로 바라보게 되면 우리에게는 언제라도 타인들을 돕고 살아야 한다는 마음이 생겨난다. 타인들 속에 자신이 들어 있음을 볼 때가 바로 자타불이(自他不二)일 것이다.

셋째는 침묵이야말로 사람들 사이의 갈등을 예방하고 치유하는 최상의 묘법이라는 것이다. 갈등은 보통 불이 중도를 모르는 분별에서 시작되고 심화된다. 그 해결책이 대립과 논쟁 아닌 '침묵'이다. 입을 열면 이미 그르치게[開口卽錯] 된다는 선(禪)의 가르침을 우리 생활 속에서 돌아보아야 한다. 우리의 관념이나 신념 자체가 올바른 지견에서 나온 것이 아닐진대 말로써 벌어지는 사단은 근거 없는 번뇌 망상을 불러일으키며 그 후과(後果)는 아무것도 제대로 보이지 않는 깜깜이 천지일 것이다.

1~2세기에 성립된 것으로 알려진 『유마경』이 '불교대승운동'의 선언서와 다름없는 중요한 경전이며 재가자인 유마힐 장자가 대승운동을 선도하였다는 것이 의미 있게 다가온다. 요즘 말로 유마힐 거사가 사회참여 불교, 재가자 불교운동의 개막을 연 것이다. 승속이 하나임을 보여주는 이 경전이 나를 변화시키고 있듯이 모든 재가자들에게 행복한 인생의 등불이 되었으면 좋겠다.

성민선

서울대학교 사회복지학과를 졸업하고 미국 가톨릭대학교에서 박사학위를 받았다. 2011년까지 성심여대와 가톨릭대 사회복지학과 교수로 재직했다. 2012년에 『한국산문』에 수필로 등단하였다. 현재 한국산문작가협회, 수필미학작가회 이사, 숙란문인회, 철수회 회원으로 활동하고 있다. 수필집으로 『징검다리꽃』, 『섬세한 보릿가루처럼』 등이 있다.

19

불국토를 지향한 군주:
『승만경』과 진덕여왕

정진원

이름에 담겨 있는 신라 왕실의 불교 정체성

진덕여왕의 이름은 승만(勝鬘)이다.『승만경』의 주인공 파사닉 왕과 마리부인의 딸로 아유타국에 시집간 승만과 이름이 같다. 사촌언니 선덕여왕의 이름은 덕만이다. 덕만은『열반경』에 나오는 '덕만우바이'를 가리키는 것으로, 중생을 제도하기 위하여 여자로 태어난 보살의 이름이다. 선덕(善德)은 수미산의 꼭대기에 있는 도리천을 주재하는 천신 선덕바라문을 뜻하는 것으로 본다. 이처럼 신라 27대 왕 선덕(재위 632~647)을 덕만우바이와 동일시했다면 28대 진덕(재위 647~654)은 부처의 인가를 받아『승만경』을 설한 승만과 동일시하려 한 것이다.

신라는 23대 법흥왕(재위 514~540) 때 불교를 공인한 후 철저히 신라 불국토를 지향하였다. 자장이 당나라 유학 가서 문수보살로부터 선덕이 찰제리종(크샤트리아 계급)이라는 수기를 받게 되는 진종(眞宗)설이 그것이다. 곧 신라 왕족을 석가모니의 가문과 동일시한 신라 중기의 왕권 강화책으로 볼 수 있다.

신라 왕족이 석가모니 가문과 이름을 똑같이 쓴 것은 법흥왕의 뒤를 이은 24대 진흥왕(재위 540~576)이었다. 그는 전륜성왕의 네 바퀴(금륜, 은륜, 동륜, 철륜)에서 따와서 자식들을 금륜태자, 동륜태자로 이름 지었다.

그리하여 26대 진평왕(재위 579~632)에 이르러서는 석가모니의 부모 이름과 같아지는 것이다. 곧 진평은 백정(白淨)이며 왕비는 마야부인인데, 이는 석가모니의 아버지 슈도다나(백정왕 또는 정반왕의 뜻)와 어머니 마야부인에서 이름을 따온 것이다. 진평왕의 아우 백반(伯飯)과 국반(國飯) 역시 석가모니의 숙부의 이름이다. 그 진평의 딸이 선덕이고 그의 사촌동생이 진덕여왕(국반의 딸), 자장율사(마야부인 조카)가 외사촌이 되는 것이다.

석가모니와 같은 선덕, 부처가 될 것이라는 수기를 받은 승만의 이름이 진덕(眞德)에게 필요한 것은 신라를 불국토로 세우는 작업 때문이었다. 여기서 외사촌 자장이 황룡사 9층탑을 세워 불국토 하드웨어를 구축하고 통도사 계단을 세워 계율을 정립하는 안성맞춤의 역할을 맡았다. 진덕여왕 때(649)에는 신라의 복식과 연호를 중국과 같게 하였다. 내우외환으로 어려울수록 덕(德)으로 최상의 국가를 지향

경북 경주시 현곡면 오류리에 있는 진덕여왕릉

하는 진(眞)과 선(善)의 신라 불국토가 그들의 이상이었다.

『승만경』과 『석보상절』

『승만경』은 승만부인이 부처 앞에서 설법을 하고, 부처가 승만의 설법 내용이 옳다고 인가하는 형식으로 되어 있다. 곧 승만과 부처는 동격이고 신라의 승만인 진덕여왕이 지향한 가치라고 볼 수 있다.

조선시대 훈민정음 대장경 『석보상절(釋譜詳節)』 6권에도 『승만경』에 대한 이야기가 나온다.

바사닉 왕과 말리부인(『석보상절』 표기 방식)이 석가모니 부처의 설법에 감화를 받고 시집간 영민한 딸 승만을 불러 『승만경』을 설하게 되는 유래가 간략히 들어 있다. 『석보상절』은 석가모니의 일대기를 자세히 기록할 것은 상세히 적고 생략할 것은 간략히 만들었다는 뜻이다. 권6에는 석가모니께서 일생 동안 설한 '반야, 방등, 법화, 열반' 등 여러 경전이 나오는데 『승만경』은 상대적으로 자세히 기록한 편이다. 그 내용은 다음과 같다.

바사닉 왕과 말리부인이 부처 뵈옵고 찬탄을 드리며 부부가 말하였다.

"우리 딸 승만이 총명하니 부처를 뵙기만 하면 마땅히 빨리 도를 깨달을 것이니 사람을 시켜 알려야 할 것이오."

승만이 부처의 공덕을 듣고 기뻐하며 게를 지어 부처를 기리고 다음과 같이 소원하였다.

"부처께서 저를 어여삐 여기시어 제가 뵐 수 있도록 하여 주십시오."

그렇게 생각하자마자 여래께서 홀연히 허공에 오셔서 무비신 (부처의 여러 가지 모습을 갖춘 비교할 데 없는 몸이다)을 드러내시고 『승만경』을 설하셨다.(『석보상절』권6)

그렇다면 『승만경』은 어떤 내용의 경전인가. 세존이 승만에게 장차 성불할 것이라고 수기(授記)하고 그녀는 성불할 때까지 절대로 깨뜨리지 않을 열 가지 서원을 세운다. 이것을 요약하여 세 가지 큰 서원을 세우고 나아가 모든 서원이 하나의 대원(大願)으로 집약된다. 곧 바른 가르침을 받아들이고 몸에 지니는 섭수정법(攝受正法)인데 정법은 대승이고 그것은 육바라밀(六波羅蜜)이라고 설파하고 있다.

진덕여왕 승만의 『승만경』식 신라 불국토

진덕은 몸매가 풍만하고 아름다웠고 7척 장신에 팔이 무릎까지 내려온다(姿質豊麗, 長七尺, 垂手過膝)고 삼국사기에 기록되어 있다. 진덕은 21세기에 태어났어도 만인의 선망을 받을 이상적인 체격을 가졌던 것 같다. 키 또한 6척이 넘는 2미터 가량의 장신이었다는데 부처의 32상 80종호에 상응하는 큰 키와 팔의 길이는 『승만경』의 승만과 같이 재가불자 부처로 격상시키려는 의지가 엿보인다. 이러한 진덕은

647년 왕으로 즉위하여 『승만경』의 십대서원(十大誓願)과 삼대원(三大願)에 충실한 정치철학을 보여준다.

'오늘부터 보리에 이르기까지'로 시작되는 『승만경』의 십대서원은 다음과 같다.

① 계(戒)를 범하는 마음을 일으키지 않겠나이다,

② 존장(尊長)에 대하여 교만한 마음을 일으키지 않겠나이다,

③ 사람에 대하여 성내는 마음을 일으키지 않겠나이다,

④ 타인의 재산이나 지위에 대하여 질투하는 마음을 일으키지 않겠나이다,

⑤ 내가 소유하고 있는 것에 대하여 아끼는 마음을 일으키지 않겠나이다,

⑥ 나 자신을 위해서 재산을 모으는 일을 하지 않겠나이다,

⑦ 사섭법(四攝法:布施·愛語·利行·同事)에 의하여 사람들에게 이익을 주는 일을 하되, 자기의 이익을 위해서는 하지 않겠나이다,

⑧ 고독한 사람, 감금되어 있는 사람, 병마에 시달리는 사람, 재난을 당한 사람, 빈곤한 사람을 보고 그냥 버려두지 않겠나이다,

⑨ 새나 짐승을 잡아서 파는 사람, 길러서 잡는 사람, 부처의 계에 어긋난 사람을 보면 놓치지 않고 조복시키겠나이다,

⑩ 정법을 잘 지키고 그것을 잊어버리는 일을 하지 않겠나이다.

지금 바로 우리에게 적용할 수 있는 구체적인 실천법이다. 진덕은

신라의 승만으로 이 열 가지를 모두 몸과 마음에 새기며 성장하여 그것을 정사에 옮기고자 했던 것이다.

진덕이 추구한 이상국가의 노래, '태평가(太平歌)'

진덕은 또한 현명했다. 이 십대서원을 마음에 새기고 있다면 신라와 백성을 위하여 무슨 일은 못 할까. 백제와 고구려의 침략 속에 당과 화친을 맺기 위한 정략으로 진덕은 비단을 짜고 거기에 당 고종에게 태평송을 지어 문무왕이 될 춘추의 아들 법민을 시켜 선물한다. 시 또한 잘 지어서 당나라의 태평성대를 기리는 '태평가'로 고고웅혼(高古雄渾: 고상하고 예스러우며 웅장하고 막힘이 없음)하다는 평을 들었다.

> 위대한 당나라 왕업을 열었으니
> 높고도 높은 황제의 계획 창성하리라.
> 전쟁이 끝나고 천하가 안정되니
> 학문을 닦아 백 대에 이어지리라.
> 하늘의 뜻 이어받아 은혜를 베풀고
> 만물을 다스리며 깊은 덕 간직하네.
> 깊은 인(仁)은 해와 달과 짝하고
> 국운이 요순시대와 같다네.
> 나부끼는 깃발은 어찌 이리도 빛나며
> 징소리 북소리는 어찌 그리도 웅장한가.

나라 밖 오랑캐 황제 명령 거역하면
하늘의 재앙으로 멸망하리라.
순박한 풍속은 온 세상에 펼쳐지고
멀리서 가까이서 좋은 일 다투어 일어나네.
빛나고 밝은 조화 사계절과 어울리고,
일월과 오행이 만방을 돌고 있다네.
산악의 정기는 보좌할 재상을 내리시고
황제는 충성스럽고 어진 신하를 임명한다네.
삼황과 오제의 덕이 하나가 되어
우리 당나라를 밝게 비추리로다.

　　이 시를 누군가는 너무 사대적인 것이 흠이라고 하나 진덕의 염원
은 '당나라'로 쓰고 '신라'로 읽는 태평가였을 것이다. 잠시 그 이름
을 바꾸어 당의 지원을 얻어 백제, 고구려의 공격을 막아내 신라의
백성을 평안하게 하는 목적으로 사용한 것이다. 이것은 『승만경』의
①정법의 지혜를 구하고, ②일체중생을 위하여 법을 설하며, ③정
법을 획득하겠다는 삼대원을 나타내는 진덕의 통치 스타일이라고
할 수 있다.
　　나 아닌 남을 위하여 나는 무엇을 어디까지 해본 적이 있던가. 진
덕에게는 남편과 자식에 대한 기록이 없다. '여성은 약해도 어머니는
강하다'는 말은 만고의 진리이다. 신라가 남편이고 백성을 자식으로
생각한다면 전쟁에 피폐해진 내 가족을 살리기 위해 비단에 글씨를

수놓는 일쯤이야 무엇이 어려우랴. 결국 당 고종이 이 글을 아름답게 여기고 장차 문무왕이 될 법민에게 '대부경'을 제수하여 돌려보냈다. 그리하여 처음으로 중국의 연호인 영휘(永徽)를 사용하게 하였다. 진덕의 전략은 성공했다.

8년이라지만 7년 2개월의 짧은 왕 노릇을 한 진덕이 승만이라는 이름에 걸맞게 신라와 백성을 위해 작은 자존심 내려놓고 큰 자존심을 지켜낸 것이라 해석할 대목이다. 그 결과 다음 왕인 김춘추가 삼국을 통일하는 위업을 이룰 수 있도록 토대를 마련해 주었다. 『삼국유사』 여인의 기상이며 신라 여왕의 기본 품새인 것이다. 언니의 후광에 가려 또는 유신과 춘추의 활약으로 허수아비 왕 노릇을 했다는 편견에 가려져 있는 진덕여왕, 우리는 진덕의 면면을 사금파리 주워 그릇을 복원하는 마음으로 찬찬히 찾아내야 할 것이다.

정진원

동국대학교 대학원 불교학과에서 철학박사를, 홍익대학교 대학원 국어국문과에서 문학박사를 받았다. 2015년 「삼국유사의 한국학 콘텐츠 개발 연구」로 문화체육관광부 장관상을, 2019년 저서 『월인석보, 훈민정음에 날개를 달다』로 '올해의 불서' 우수상을 수상했다. 2023년 『문예사조』에서 시 부문 신인상을 받고 등단하였다. 현재 튀르키예 국립에르지예스대학 한국학과 교수로 활동하고 있다.

20

사시사철 초목이 보이는 순환의 진리 :
자연의 시계와 『숫타니파타』

박순태

내리쬐는 햇볕을 삼키며 식물은 거룩한 생식(生殖) 활동에 여념이 없다. 육신을 공양하려 땅에 뿌리 내린 녀석들의 잔치를 보자니 가관이다.

다랑논 몇 뙈기를 묵힌 지 석삼년째다. 초목이 요동을 친다. 밀치고 쥐어박고 비틀고 휘감는다. 온갖 씨앗이 날아들어 싹을 틔워 서로 지지고 볶으며 세를 과시하더니 급기야 사투까지 벌인다. 공격은 거침없고 방어는 빈틈을 주지 않는다. 누가 자연을 두고 자연스럽다고 찬양하는가. 잡초 무성한 진답(陳畓)에 마음이 마구 뒹군다.

춘분이 지나자 햇볕이 발산하는 에너지의 강도가 점점 높아간다. 하늘의 심부름꾼 햇살은 녹색식물의 양식인 열기를 안고 내려와서 골고루 나누어 준다. 시간의 흐름에 비례하여 먹이 삼키는 잎의 동작이 커가고, 몸집 불리기에 가속도가 붙는다. 찔레순이며 칡덩굴은 머리를 치켜들고 자기들 세상인 양 봄바람에 춤을 춘다. 새순이 며칠새 몇 뼘씩이나 뻗어 올랐다.

눈을 주시하고 귀를 기울인다. 잎을 입인 양 활짝 벌려 햇볕을 받아 오물거린다. 아까시나무같이 잎이 작은 녀석은 아기 입으로 빛을 흡입하고, 오동나무처럼 잎이 큰 녀석은 하마 입으로 빛을 삼킨다. 몸집을 키운 녀석들은 땅바닥에 그림자를 드리워 자신의 공간을 슬며시 넓혀나간다. 이를 악물고 치고받는 동작이 눈에 들어오고, 죽기살기로 맞서는 악다구니는 바람을 타고 귀를 때린다. 동물만 영역 확보에 광분하는 줄 알았는데 식물도 땅따먹기에 혈안이다.

첫해 봄이었다. 잡초들이 너 나 가리지 않고 목을 빼 올리면서 키재기에 나섰다. 처음엔 같은 종끼리 경쟁하느라 연약하고, 성깔 마르고, 인내심 부족한 녀석들은 하나둘 스르르 엎어졌다. 일찍 꽃피워 열매 맺은 종족은 씨가 탱글탱글해지자 가쁜 숨으로 흐느적댔다. 여름이 가고 가을이 되려면 아직 멀건만 개밀, 뚝새풀, 포아풀 같은 녀석들은 씨앗이 여물자 속전속결로 한살이 마침표를 찍고 말았다.

초여름이 다가오자 다른 종들끼리 사생결단이 시작되었다. 쑥을 비롯해 명아주며 개망초며 쑥부쟁이, 쇠비름, 여뀌 등속의 쌍떡잎 무리에 바랭이와 강아지풀 같은 외떡잎도 끼어들었다. 흡사 이 동네는 김해 김씨, 저 동네는 밀양 박씨, 아랫마을은 동래 정씨, 윗마을은 함안 조씨 등으로 집성촌을 이룬 듯했다. 이들은 종족끼리 한 덩어리를 이루어 다른 종족을 향해 세력을 떨치려 들었다.

녀석들의 아귀다툼이 배턴 터치를 하는 가을로 접어들자 금세 쑥 부쟁이며 들국화 천지가 되었다. 잎과 줄기는 밖으로, 눈은 외부로 열어서 제 속을 채우고 안을 점검하면서 꽃 등불을 밝힌다. 화려하고 매력적인 꽃송이들이 펼치는 다툼, 인간 세상에서 펼쳐지는 한 편의 드라마에 못지않다.

그리곤 서서히 막이 내렸다. 북풍한설이 휘몰아치자 어느 것 하나 고개 쳐들고 눈 부라림 하지 않았다. 일년초는 그렇게 씨앗에게 자리를 물려주고, 다년초는 내년 봄을 기약하며 겨울잠에 들었다. 잡풀은 힘센 놈, 잘난 놈 가리지 않고 어김없이 자기 몸을 흙에 바쳤다. 그들에겐 어제가 오늘 되게 하고, 오늘이 내일 되게 하는 원형질이 담겨 있었다. 초본식물 하나하나를 짓뭉개는 게 계절의 질서라면, 개체 하나하나의 완전 해방은 그 본체였다.

몇 해가 지나자 나무들이 점령군이 되었다. 잡풀이 돋아나는 틈새를 비집고 소나무와 아까시나무를 비롯해 오리나무며 참나무며 버드나무들이 이젠 내 차례라며 어깨에 힘을 주며 세를 뽐내었다. 나무는 억센 팔뚝으로 공간을 휘어잡았다. 바람 부는 날은 현악기 연주에 동참하느라 여념이 없었다. 큰 놈은 큰 놈대로 굵고 긴 가지로, 작은 놈은 작은놈대로 가늘고 짧은 가지를 흔들며 연주를 했다. 녀석들은 몸 높이만큼 땅속 깊이 뿌리를 내렸다.

서로서로 치고 막는 모순, 그 가운데 치솟는 상승이 뻗어내리는 하강을 품어드리는 역리(易理). 하늘의 기와 땅의 기가 짝이 되는 조화.

산속의 침엽수림

이러한 자연의 시계(時計)가 풀과 나무의 몸집을 불리고 높이를 더한다. '짧디짧은 두레박줄로 어찌 깊은 샘물을 마실 수 있으랴.' 초목은 자신의 행(行)이 삶의 순(順)이라며 몸 말로 그려낸다.

초목의 뿌리 내림은 땅으로부터 허가증을 받은 게다. 개체마다 토양이 바라는 특성을 갖춰 자격이 입증되었다. 흙도 너그럽게 식물의 뿌리를 받아들이면서 그들에게 명한다. 뭇 생명체의 명줄 보존에 근원이 되라고.

우리는 본다. 사자를 비롯한 맹수들이나 독수리 같은 맹금류는 먹이를 낚아채면 뼈를 남기고 먹는다. 악어와 뱀 등 파충류는 뼈는 물론 털도 남김없이 먹어치운다. 식물은 뿌리에서 물을 잎까지 끌어올리고, 공기 중의 이산화탄소를 흡입하며, 엽록체에서 햇빛을 빨아들인다. 이러한 광합성작용으로 탄수화물을 만들어 자급자족한다. 먹는 것에 필요한 에너지 소모를 따진다면 식물이 단연 경제적인 삶이다.

초목 하나하나는 주변을 거부하면서도 주위를 포용한다. 타의 먹이와 산소 공급, 이 두 가지 사명을 한꺼번에 실행한다. 만인이 만인의 적이 되어 서로 경계를 넘고 넘다 생을 마감하는 인간과는 달리, 자신들의 고유한 정체(正體)를 지키기 위해 서로 경쟁하면서도 한정된 범위를 넘보지 않는다. 그게 풀이며 나무다.

초목의 자자손손 이음줄에 마음이 뒤엉킨다. 오직 생식에 목표를 둔 녀석들. 종족마다 제반 환경을 따지면서 뿌리를 내린다. 대다수 식물은 양질의 토양을 찾지만, 갈대나 부들은 개울가나 웅덩이에서, 부처손이나 와송은 메마른 바위틈과 기와지붕에서, 민들레나 질경이는 다른 종과의 경쟁을 피해 길가나 보도블록 틈새에서 꽃피워 씨앗을 맺는다. 생명체의 생식 활동은 신의 영역인지라 그 어떤 훼방꾼이 나타나도 기꺼이 이겨낸다.

초목의 생존 경쟁에서 녀석들의 본능을 읽는다. 봄부터 겨울까지 사계절 내내 종마다 특질을 발휘하면서 잉태를 위해 혼을 불태운다. 개밀과 뚝새풀 같은 종족은 인고의 시간을 보낸 끝에 영근 씨앗을 봄바람에 날리고, 매실나무와 살구나무 등은 꽃샘추위에 꽃피워 오뉴월 햇살 받으며 과육 속의 씨를 야물게 한다. 참나무와 밤나무 등은 삼복더위를 기꺼이 이겨내어 가을바람에 투두둑 열매를 떨구고, 도꼬마리며 귀심초 등은 메마른 몸피로 씨앗을 한가득 이고서 휘몰아치는 눈보라에 휘청댄다. 한서(寒暑)를 이겨냄은 물론 홍수와 태풍에 휘몰리면서도 자웅(雌雄)은 합일에 열중이었다. 종족 보존, 힘의 논리를 뛰어넘어 살아있다는 존재 그 자체이다.

치고받음 속에서 종족 보존을 위한 진화는 현재진행형이다. 자손 번영을 따져보면 단세포 생명체는 스스로 분열하여 자손만대를 이어가고, 암수로 나뉜 동물은 어렵게 짝을 만나 새끼를 친다. 식물은 씨앗 영글기에 절차와 시간상은 물론 양적으로도 탁월하다. 모순덩어리 초목들의 경쟁과 투쟁, 대립과 반론, 생성과 소멸. 진공묘유(眞空妙有)이다.

초목의 대대손손 이음줄이 크게 보이는 현시점이다. 물질적, 기술적, 구조적 발전이 오히려 인간사에 숙제 하나를 던진다. 엥겔지수가 높았던 농경시대에는 자급자족이 태반이었다. 활동폭이 좁은 덕으로 먹을거리 외엔 생계비 지출에 큰 걱정 없이 자녀를 건사하고 가정을 지킬 수 있었다. 지금은 지출의 명세서가 늘어나 가벼운 지갑에 마음이 허우적대는 처지이다. 이런저런 연유로 활짝 피우지 못한 꽃망울들이 앞, 뒤, 좌, 우에 즐비하다.

주변을 둘러보자니 마음이 무겁다. 불혹을 넘긴 나이에도 짝을 찾지 못해 홀로 살아가는 청춘남녀가 널려 있다. 요행히 반려자를 맞아 가정을 이루었어도 경제 사정에 짓눌려 배태할 생각은 엄두조차 못낸다. 가구 평균 소득에 눈높이를 같이하자니 가장 혼자서는 감당하기가 벅차다며 자녀 두기를 아예 포기한다.

하지만 "인간은 집착을 기쁨으로 삼는다"고 불교 초기 경전 『숫타니파타』는 일렀다. 집착할 데가 없는 사람은 기뻐할 그 무엇조차 없다는 실증이다. 살아가면서 자녀에게 집중하는 만큼의 큰 보람은 없으리라. 자녀를 두지 않으면 근심거리조차 없다고 하지만, 미래도 없고 꿈도 없다. 어찌 행복한 삶이라고 자부할 수 있으랴.

"여름철 첫더위에 우거진 나뭇가지가 꽃을 피우듯, 그와 같이 평안에 이르는 오묘한 이법을 붓다께서 말씀하셨다. 이익이 되는 최상의 일들을 위해서, 이 훌륭한 보물들이 눈뜬 자에게 있다. 이 진리에 따르면 복되리니."(김운학 옮김, 『숫타니파타』)

공자께서도 '천하동귀이수도(天下同歸而殊途)'를 언급하며 천하 만물은 한 군데로 돌아가게 되어 있으니, 그저 자연의 일부로 자연의 시계에 따라 살아가라고 권한다. 이 진리에 따르면 복되리니.

초목은 만궁(滿宮)으로 진공묘유(眞空妙有)로되, 여태껏 비어있는 여인의 포궁(胞宮)은 언제쯤 만궁(滿宮)이 될까.

박순태

영남 알프스 산자락 울산 울주에서 태어났다. 2015년 『동리목월』에서 수필로 등단하였다. 제4회 수필미학문학상, 농어촌문학상을 수상하였다. 수필집 『사이시옷』이 있으며, 현재 울산광고 대표로 있다.

제5부

수필로 쓴
나의 구법기

21

번뇌의 불꽃 일으키며:
『화엄경』과 소소 일상

조정은

『화엄경』은 묻고 답하는 방식이다. 인류 역사에서 가장 장엄한 문답이 『화엄경』이라고 나는 생각한다. 묻는 자와 답하는 자의 경지는 자리가 다를 뿐, 깨달음의 경지는 거의 대등하다. 앎의 깊이가 있어야 자신의 무지를 알아챌 수가 있고 무지를 알아채야 질문을 낳을 수가 있다.

나는 『화엄경』의 진리는 통 모르지만 문장에 매료되었다. 역설적이며 모순어법으로 점철된 문장들은 읽으면 읽을수록 뜻이 분명해지기보다 아스라이 멀어지는 매혹이 있다. 특히 "모든 번뇌의 불꽃을 끝까지 멸하였지마는, 일체중생을 위하여 탐하고 성내고 어리석은 번뇌의 불꽃을 일으키며, 모든 법이 요술 같고, 꿈 같고, 그림자 같고, 메아리 같고, 아지랑이 같고, 변화와 같고, 물속의 달 같고, 거울 속 영상 같아서 성품이 둘이 없는 줄 알지마는, 마음을 따라 한량없이 차별한 업을 짓습니다"라는 구절을 자주 되뇐다. 딱 이 두 구절만 끌고 나와 읊어보면, 기이하게 나와 다르지 않은 것 같고 부처님이 친근하게도 느껴지는 것이다.

2020년 10월, 경기도 양평의 맨 동쪽 경계인 양동면 석곡섬실마을로 들어왔다. 서울과는 한 시간 정도 걸리는 거리임에도 문명에서 소외된 오지 중의 오지인 이곳은 나지막한 산들에 에워싸인 조그마한 분지다. 산마다 물이 풍부하여 정상 근처까지 조붓한 다랑이논들이 이어져 있으며 정상에는 연못과 늪지가 형성되어 있다. 산정의 물더미에서 흘러내린 매월천 석곡천 등이 우리 마을 바로 앞에서 합수하여 동으로 흘러가는데 그 흐름을 따라 4킬로미터만 가면 원주이고 그즈음에서 두어 가닥의 계곡이 합쳐져 원주시를 관통하는 섬강이 된다. 원주시는 섬강의 상류인 이쪽을 간현관광지로 개발하였다. 우리 마을에서 간현관광지로 가는 길은 일테면 뒷길이라 입장료를 낼 필요가 없는 데다 워낙 깊은 산중이어서 인적은 드문데 수직으로 꼿꼿한 기암괴석이 이어지는 산세가 예사롭지 않고 그 아래 강물은 깊고도 고요하다. 하얀 모래톱 저편의 수려한 산들이 푸른 강 속에 거꾸로 잠겨 든 풍경은 그야말로 절경이다.

잡지 편집 일을 십여 년 하다가 한계에 부딪혔고 내 자신을 유배시키듯 이곳으로 들어왔다. 연고가 있는 것도 아니고 누가 소개해준 것도 아니다. 그저 여행 중에 길을 잘못 들었다가 매료되어 들어온 것

뿐이다. 연로한 화가가 작업실로 썼다는 아주 작은 오두막이 내 형편에 딱 맞는 시세이길래 앞뒤 가리지 않고 이사했다. "나도 콩 한 말 들고 토굴로 들어가면 안 나올 거예요." 아침마다 두 시간씩 독경하는 남편에게 짜증나고 불만스러울 때마다 그를 비꼬며 협박하는 말이었다. 그럴 때 내가 상상하던 토굴에 비하면 오두막은 궁전이다.

지난 7월 잡지사 발행인 선생이 이곳으로 와서 내 오두막 옆에 붙은 폐허 같은 땅을 매입했다. 수목이 우거진 땅 안쪽에 십수 년간 방치돼 처치 곤란한 쓰레기나 마찬가지인 집 한 채가 있었다. 중장비를 불러 우거진 잡초와 나무를 베어 끌어내는 작업만 이틀이 걸렸다. 그래봐야 겨우 안마당까지 발 디딜 틈이 생긴 정도였다. 사람들은 밖에서부터 포클레인으로 무덤 같은 그 집을 밀어버리자고 입을 모았지만, 선생은 집 꼴이나 구경한 다음 헐자고 고집을 부렸다.

선생은 당뇨 30년 차다. 인슐린을 맞은 지 십수 년, 순환기 여기저기 고장도 다채로웠다. 작년 1월부턴 신장투석이 불가피했고 5월에는 갑자기 심장 박동이 멎어 대학병원 응급실에서 서너 시간 만에 기적적으로 깨어났다. 넉 달 지나 9월에는 뇌출혈로 대수술을 했다. 의사들은 매번 마음의 준비를 하라 일렀고 깨어나도 육신이 멀쩡하긴 어려울 거라고 했다. 머리 뒤쪽에 구멍을 뚫고 관을 넣어 괴어있는 피를 뽑아내는데 이미 엉겨붙은 피는 쉬 흘러나오지 않았다. 그래도 거짓말처럼 육신은 멀쩡했다. 문제는 느닷없이 엉뚱한 말을 하는 것이었다. 도깨비를 만나 아내와 딸의 부인병 치료법을 확실히 알게 되었다느니, 자기가 운영하는 문예지의 작가들이 인류의 정신을 새롭게

깨우기 시작했다느니, 세계 평화의 길은 문학밖에 없는데 이번 저승에서 돌아오는 중에 수운을 만나 그 길을 열어갈 확실한 로드맵을 완성했다느니, 무극대도는 사소한 사람 사소한 일상 안에 이미 내재해 있다느니, 자기가 이미 『에세이스트』 사람들에게 그 씨앗은 다 심어줬으므로 언젠가 싹이 돋고 꽃이 활짝 피어 열매를 맺게 되어 있다느니, 그러면서 유튜브 '도올티비'에서 수운 최제우에 관한 강의를 심취해 들었다. 도올의 신간 『동경대전』을 읽다가 문장 하나에 꽂히면 전화해서 내게 쏟아내는 열강은 끝이 없었다. 그렇게 꿈과 현실을 오가는 그의 얘기를 들어주는 것이 내 일과가 되었다. 나는 버드나무 동쪽 산 그늘에 있고 그는 전라도 무등산 자락 병상에 누워 있으면서 시도 때도 없이 통화를 했다. 깊은 밤에도 혹시 전화가 올지 몰라 잠을 이룰 수 없었다. 그의 가족들조차 정상 회복은 어려울 거라는 조심스러운 견해를 내놓았지만 나는 그럴 수 없었다. 그는 섬망 상태에서 외려 내가 그토록 듣고 싶었던 그의 진정한 소망을 다 드러내고 있었다. 멀쩡할 땐 심각한 것 하나 없이 실없는 농담만 실실하던 선생이 갑자기 진지해진 것이다. 그가 생시에 있지 않아도 좋았다. 문예지를 창간할 때 하도 호기롭게 큰소리 빵빵 치며 세상을 깜짝 놀래킬 기세여서 나도 하던 일 팽개치고 올인해 본 것인데, 병든 몸으로 그 작은 문학단체를 이끄는 데도 힘겨워 빚에 시달리고 사람에 시달리며 헉헉거리다가 이렇게 혼자 떠난다는 건 말이 안 된다. 더구나 인터넷카페나 들려오는 풍문에 의하면 죽지도 않은 사람을 벌써부터 폐기처분하려는 몇몇 사람의 움직임이 노골적으로 드러나고 있었다.

나는 어디에도 엎드리지 않고 꼿꼿이 앉아 주문을 외웠다. 돌아와라. 반드시 돌아와야 한다. 돌아와 한 줄이라도 당신의 문장을 써라. 당신의 일을 완성시켜라. 나는 젊어 출가도 해봤고 불자인 남편 덕에 매일 독경 소리에 깨어나곤 했으나, 이 절박한 상황에선 불경의 한 구절도 생각나지 않았다. 모든 진리의 문장이 떠난 자리에 단 하나 '생명'이 들어앉았다. 죽지 마라, 반드시 살아 돌아와라.

그는 두 달 가까이 섬망 증세를 보이다가 멀쩡한 정신으로 돌아왔는데 이번에는 투석에 한계가 왔다. 신장 이식이 불가피했다. 그의 가족들이 이식 적합도를 검진받았으나 모두 불합격. 내가 나섰다. 나는 건강은 좋은데 비혈연이라는 게 문제였다. 돈을 받지 않고 증여할 만한 관계라는 것을 입증해야 했다. 선생과 내가 함께한 문예지 역사를 서술하고 사진을 첨부하여 200쪽 분량의 책 한 권을 만들었고 타 문예지 발행인들의 인우보증서까지 첨부하여 보건복지부에 제출했다. 수술인가가 나기까지 무려 넉 달이 걸렸다. 수술은 성공적이었다. 수술하고 두 달 지나 7월 말 이곳으로 오신 것이다.

선생은 처참한 몰골의 공가 토방으로 올라서서 잠시 추녀를 올려다보고 방으로 들어가 맨살을 드러낸 채인 흙벽과 기둥과 천장 서까래를 찬찬히 훑어보았다. 그리곤 신음처럼 토했다.

"으으음, 살아있네. 허허 살아있어. 이걸 부숴버리겠다고?"

돌아보는 선생의 눈이 벌겋게 충혈되어갔다. 누구도 대답하지 않았다.

"육이오 때 이 조그만 동네에 네이팜탄 두 발이 떨어졌다잖아. 피난에서 돌아와 보니 집은 잿더미가 되었어. 당장 식솔들 비바람 피할 데도 없었을 거라고. 산에 가서 나무 베고 내에 가서 돌멩이 줍고 논밭에 가서 흙 파다가 집 짓는 가장의 절박함이 그대로 여기 새겨져 있잖아. 이걸 깨끗이 쓸어내면 그만일까."

누군가 말했다.

"새로 짓는 것보다 리모델링 비용이 훨씬 더 들 겁니다. 집이 99평이나 돼요. 쓸데없이 넓기만 한데 어쩌시려고요?"

선생은 아랫입술을 꽉 깨물고 너른 방 한가운데 물색없이 서 있는 울퉁불퉁 휘어진 기둥을 손으로 쓰다듬다가 얼굴이 돌 맞은 양재기처럼 구겨졌다. 버려진 집마저 생물로 보는 그의 마음. 어쩌면 그 집은 선생 자신일지도 모른다. 어쩌면 나일 것이다. 당신은 당신 아니라고 확신할 수 있는가. 집은 산 채로 고려장된 늙은이였다.

팔월 뜨거운 태양 아래서 집의 대수술이 시작되었다. 공사를 맡은 이는 한 달 안에 끝낼 거라고 호언장담했지만 눈이 펄펄 날릴 때까지 끝나지 않았다. 일단 중지하고 선생은 아쉬운 대로 방에 불만 넣은 집으로 들어갔다. 이사하기 전, 빈집에 중환자인 선생 혼자 기거하는 게 걱정스러워 서른 후반의 아직 미혼인 선생의 막내딸을 불러왔다. 그런데 막내딸은 새집으로 들어가길 거부하고 내 집 방을 차지하고 들어앉았다. 나로선 이중 부담이었지만 어쩔 수 없는 노릇이었다. 선생의 방은 사방 5미터 너비다. 세 면의 벽에 디귿자로 책장을 짜넣고 1미터쯤 간격을 둔 가운데 덩그러니 침대를 넣었다. 편백나무 책상

하나, 의자 하나, 행거 하나, 작은 냉장고와 콘솔과 약장이 방 살림살이 전부다. 방안으로 들어간 선생은 식사 시간 외엔 나오질 않는다. 병원과 서울 본사에 갈 때나 더러 방문객이 있으면 의관을 갖추고 나오지만 나머지 시간엔 늘 잠옷차림으로 방안에만 있다. 나는 선생의 방안에서 무슨 일이 일어나고 있는지 거의 알지 못한다.

세 끼 식사는 내 집에서 하기로 했다. 식사 준비가 다 되어갈 즈음 전화를 한다. 문제는 거기부터다. 딱 일 분 거린데 통화한 다음 밥과 국을 퍼놓고 기다려도 오지 않아 다시 데워야 할 때가 많다. 선생이 늑장부리는 것도 짜증나는데 문을 열고 들어오면 곧장 딸내미 방으로 들어가 딸을 깨우느라 시끌벅적. 딸내미는 먹느니 마느니 고집을 부리고 한참 실랑이를 벌이다가 함께 나오기도 하고 선생 혼자 나오기도 한다. 게다가 겨우 끌려나온 딸내미는 식탁을 거만하게 내려다보고는 입에 맞는 요리가 없으면 나를 빤히 정말로 밥을 다 먹을 때까지 빤히 바라보다가 숟가락을 던지고 들어가버리는 경우도 허다하다.

폭발하는 분노를 삼키느라 소화기관이 멎어버릴 지경이다. 이게 뭐지? 내가 왜 여기서 이 일을 하고 있지? 누구도 이 일을 시킨 이는 없었다. 외려 만류하는 이들만 수두룩했는데 나는 자신 했었다. 나라면 할 수 있다고, 참말로 사람으로 태어나 도전해볼 만한 숙제라고. 그러나 날마다 포기하고 싶은 유혹과 절망이 엄습했다. 무엇보다 그것밖에 못 되는 나에 대한 실망으로 기운을 잃어갔다. 부끄럽기 그지없다. 딸내미도 아프고 선생도 아프다는 것을 모르는 바 아니다. 그나마 건강한 게 나뿐이라는 것 잘 안다.

그러나 밥 차릴 때의 정성과 따뜻한 마음은 간데없고 부글부글 끓어오르는 짜증을 억제하기 힘들다. 모욕당한 듯 억울하고 분하다. 내가 몸종이요? 내가 식모요? 도대체 그 태도가 뭡니까? 소리쳐 따지고 싶은 마음이 굴뚝 같은데, 꾹꾹 참는답시고 표정이 붉으락푸르락 잉걸불에 내던진 스티로폼처럼 험악하게 일그러졌을 게 뻔하다. 그 모습이 두 사람을 압박하지 않을 리 없다. 무지하게 불편할 뿐 아니라 그들 또한 모욕감으로 부르르 떨릴 것이다. 그래봤자 갑은 나다. 나는 더욱더 입을 꽉 다물고 갑질을 최대치로 끌어올린다. 설거지도 하지 않고 방으로 혼자 내빼 드러누워 버리는 것이다.

내가 누군가. 토굴에 들어가 공부하고 싶은 서원을 평생 품어오지 않았던가. 그렇지, 혼자 토굴로 들어갔더라면? 가만, 그랬다면 이런 부딪침은 물론 없었겠지. 아니, 아니, 가만 있어 봐. 누구와도 무엇과도 부닥치지 않고 혼자 평온한 게 무슨 의미지? 그건 어쩌면 죽음일지도 몰라. 부딪침 없이 이 찌질한 밴댕이 소갈딱지 어찌 닦아지겠어? 그래, 토굴과 인연이 없었던 것, 나 같은 찌질이에겐 외려 큰 가피야.

그래도 토굴 수행이라는 내 꿈은 여전히 도피의 수단으로 쓰일 것을 나는 잘 안다. 영영 이루지도 못할 꿈이지만, 절대 이룰 생각도 없는 꿈이지만, 난 비겁하게도 세상을 속이려고 무엇보다 나 자신을 속이느라 별로 좋지도 못한 머릴 계속 굴릴 것이다. 묻자. 왜 나를 속이는데? 살고 싶어서지. 그렇게 허둥대면서 순전히 폼으로 철학 강의도 틀어두고 책자도 뒤적거린다. 어제도 그랬다. 그런데 갑자기 아득히 잊어버린 꿈이 되살아오듯 『화엄경』의 한 구절이 저절로 읊어지는 것이었다.

> 모든 번뇌의 불꽃을 끝까지 멸하였지마는, 일체중생을 위하여 탐하고 성내고 어리석은 번뇌의 불꽃을 일으키며, 모든 법이 요술 같고, 꿈 같고, 그림자 같고, 메아리 같고, 아지랑이 같고, 변화와 같고, 물속의 달 같고, 거울 속에 영상 같아서 성품이 둘이 없는 줄 알지마는, 마음을 따라 한량없이 차별한 업을 짓습니다.

　내가 모든 번뇌의 불꽃을 끝까지 멸하였을 리 결코 없지마는, 일체중생을 위하여서라는 거창한 목적도 당치 않지만, 탐하고 성내고 어리석은 번뇌의 불꽃을 일으키며 살아가고 있는 건 분명하다. 이게 삶이려니, 서로 부딪히고 상처를 주고받으며 모가 깎이는 이 시간이 곧 존재의 사건이라고 나는 새삼 믿음을 굳힌다. 이 시간을 차근차근 씹어 삼키는 일이 지금 나의 삶에 주어진 제1 의제이다.

조정은
1996년 『한국수필』로 등단했다. 저서로는 수필집 『그것을 타라』가 있다. 현재 격월간 『에세이스트』 편집장이며 문학평론가로도 활동하고 있다.

22

세상 전체가 '나'임을 알았다: 나의 간화선 실참기

백경임

언제부터인가 나는 내가 죽을 때 두려움 없이 편히 임할 수 있어야 한다고, 그래서 그 준비를 해야 한다는 삶의 과제를 갖고 있었다. 오래전 병고를 겪으면서 이대로 죽는다면 다음 생 역시 몸은 병들고 마음은 괴로울 것이 자명하여 이대로 죽으면 안 되겠다고 생각했었다. 부처님께서는 분명 여기에서 벗어나는 길을 제시하셨는데, 부처님을 따르면서도 또 많은 불교 수행법을 접하면서도 나는 이 근본 문제 해결의 길이 보이지 않았다.

본격적으로 수행에 몸을 던지고 싶은 갈증은 있었지만, 평생을 교직에 몸담아 있었고, 맡은 일들과 일상이 시간을 휘감아 세월은 흘렀다. 드디어 기다렸던 퇴임이 나에게도 왔다. 이제는 매인 곳 없어 내가 시간을 조율할 수 있는 때가 된 것이다. 65세 퇴임을 하고 나니 나는 이미 노보살, 늙음은 남의 눈에 띄지 않고, 편안하고 수행하기 좋은 여건이었다. 노년이라고 발목을 잡는 이런저런 일들이 없는 것은 아니지만, 책임진 직책도 내려놓고, 아이들에 대한 책임에서도 벗어났고, 아직은 내 몸 내가 가눌 수 있으니, 하고 싶은 일을 자유롭게 할 수 있는 참으로 기대되는 좋은 나날들이었다.

어떤 수행을 할 것인가? 나에겐 남아 있는 시간이 많지 않았다. 그간 회자된 간화선은 배울 곳이 마땅치 않을 뿐 아니라, 많은 시간을 보낸 후에 허탈할 가능성이 큰 것 같아 내려놓았다. 수소문 후 요즘 유행하는 이런저런 남방불교 수행법을 체험해 보았다. 다 배워가는 재미가 있었고, 업장 정화의 효과가 가시적으로 다가왔다. 그 가운데 알아차림에 역점을 두는 쉐우민 수행법에 몰두해 보기로 하였다.

쉐우민 수행법인 위빠사나는 행동의 일거수일투족과 마음의 움직임을 면밀히 관찰하는 통찰 수행법이다. 내 행동과 마음을 관찰하려니 아무래도 나와 거리를 두게 되어 자연스럽게 객관적으로 나를 보는 힘을 기르게 된다.

정기적인 수행모임에도 나가고 집중수행도 하면서 한 3년 몰두하다 보니 알아차림이 깊어져 대부분의 행동이 내 의도 없이 자동적으로 일어나고 사라지는 것을 볼 수 있었다. 욕구에 의해 행동은 습관적으로 따라 일어났다가 사라졌다. 또 머릿속에서는 생각이 자동적으로 잇속 빠르게 정리, 계산, 예측, 계획하고 있었다. 내 에고가 잘 살아남기 위해 최선을 다하고 있는 모습이 보였다. 내가 살아온 습관의 관성(業)에 따라 행동은 자동발생적으로 일어나고 사라지고 하였다. 업(業)이라는 불교적 용어에는 의지라는 뜻이 내포되어 있다지만, 나는 업에 따른 이 행동의 일어남에 의지라는 것이 있는지 의심스러웠다. 오히려 행동의 주체가 없음을 알 수 있어 이것이 '무아(無我)구나' 했다. 내 습(業)이 행동을 하게 하지 "나라고 할 만한 것은 없다"는 것이 알아차려졌다.

나의 근본적인 두려움이 많은 방어를 만든다는 것을 알았고, 에고의 속절없는 이기심에 부끄러워지기도 하였다. 이렇게 지속적으로 알아차림을 하다 보니, 언제나 허공에서 큰 눈이 나를 따라다니는 것 같았다. 일상생활에서도, 걸어갈 때에도 눈이 나를 따라다녔다. "내 마음이 허공에 이런 눈을 만들었구나, 내가 아무래도 잘못된 수행의 길로 들어선 것" 같았다. 상황이 걱정스러워 지도법사 스님께 여쭈어보니 "눈이 어디에서 보고 있는가?"하고 물으셔서, 나의 오른쪽 위쪽에 있는 것 같다고 말씀드리니 "오른손잡이냐?"고 물으셨다. 그렇다고 말씀드리자 "알아차리는 힘이 좋아서 그렇다"고 계속 수행하라며 오히려 격려해 주셨다. 안심을 하면서도 그것이 뭔지 몰라 답답함이 해소되지는 않았다. 지금 생각하면 그때 스님께서 네가 너라고 알고 있는 네 몸이 너가 아니니, 너를 바라보고 있는 그쪽으로 시선을 돌려 알아차림 해보라고 말씀해 주셨다면 어떠했을까?

유튜브의 출현으로 전 세계 영성가들의 법문이 넘쳐나는 신세계가 열렸다. 내가 공부할 시점에 이런 시대가 도래한 것은 큰 복이 아닐 수 없다. 이렇게 하여 나는 새로운 스승을 만났고 오래전 내려놓

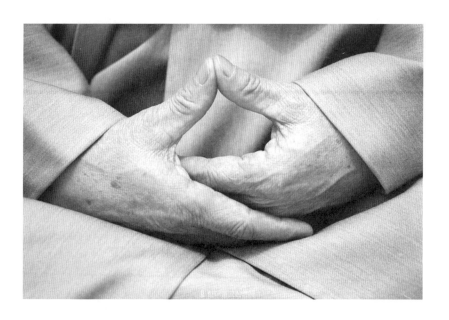

았던 간화선 수행을 새로 참구(參究)하게 되었다. 새로 만난 법사님은 해박한 동서양의 지식으로 막힘없이 간화선 수행의 요체를 일러주셨다. 깨달음을 근간으로 하는 이 수행법을, 경험을 기반으로 역설하시니 믿음이 갔다. 나는 이 가르침에 나를 던져보기로 하였다. 유튜브의 그 많은 법문에 빠져 살기를 한 얼마간은 정말 행복한 나날이었다. 영적으로 성장한다는 것은 이렇게 큰 내면적 기쁨을 주었다. 성장하기 위해, 참구하기 위해 삶을 사는 것이 확실하게 느껴졌다. 유튜브나 줌을 통한 비대면 공부는 자연스레 대면 수업으로 이어졌고, 드디어 실참의 집중수행 기회가 왔다. 법사님과의 첫 집중수행이었다.

한 사람씩 이름을 부르고 "'네'하고 대답하는 것이 무엇인가?" 하는 화두가 주어졌다. 언제 적 간화선 수행인가? 그 옛날 대학생 때 해본 화두 참구, 이제 일흔이 넘어 재도전이라니! "네"하고 대답하는 내 소리를 따라 내면으로 내면으로 참구해 들어갔다. 답을 알 수 없는 상황에서 내면은 어둡고 깊고 답답하였다. 체기인 듯 답답함이 이어지는데, 이튿날 오후 갑자기 온 세상에 에너지가 꽉 차오르면서 모든 생명들이 생기에 넘치고, 모두 환희롭고 자비심이 넘치는 평등한 세상이라는 것이 느껴졌다. 에너지로 후끈한 벅찬 이 느낌은 내 마음이 만들어 낸 환상인가? 원래 세상을 이제야 바로 알아차리게 된 것인가? 법사님의 지도로 이 '에너지장 체험'을 수행의 한 과정으로, 환희로운 경험으로, 그러나 지나가는 경계로 받아들이게 되었다. 그 이후에도 집중수행을 종종 이어오면서 이러저러한 맑음과 평등, 보살심 등의 감정이 올라오는 경험을 하였으나 지나가는 경계일 뿐이었다.

중요한 결정적인 체험으로는, 어느 날 저녁 집에서 BTN TV 채널로 법사님 강의를 듣는 데 "있던 물건이 없어져 안 보여도 없어졌다는 것을 아는 것이 있다"라는 말씀에서 확 시야가 열리면서 '본질'이 알아진 경우이다. 벌떡 일어나 걸으며 웃었다. 좀 싱거웠으나 확실했다. 그 이후 법문 듣기가 훨씬 편했다. '나'라고 생각했던 이 몸이 내가 아니고, 무한한 그곳이 내 고향임을 아는 것은 죽음에 대한 두려움을 근원적으로 해결해 주는 실마리라 하겠다. 우리 모두 다 한 뿌리이며, 다 이런저런 파도이며 바닷물이 일어나고 사라지는 현상일 뿐이라는 법문이 실감나게 알게 되었다. 그러나 여전히 욕심은 일었고, 큰스님들이 말씀하시는 '중생이 부처'임을, '평상심이 道'임을 알 수 없었다. 모든 현상이 파도임은 알겠는데, 나에겐 이쁜 파도, 좋은 파도, 나쁜 파도가 있는 것이다.

수행은 계속되었고 어느 때 점심식사 후 하루 중 가장 긴 네 시간의 정진 때였다. 법사님께서 깨달음의 필요성을 역설하시고, 남은 세 시간 제대로 참구하면 충분히 깨칠 수 있다고 하셨다. "이름을 부르면 대답하는 이것이 무엇인지?" 독한 사냥개가 상대를 물고 절대 놓지 않듯이, 질문을 한 세 시간만 물고 늘어지면 찾을 수 있다고 하셨다. 나는 세 시간을 죽기 살기로 해보겠다고 마음먹었다. 실제로 나는 지금 죽어도 현실적으로 큰일 날 일도 없었다. 나는 사나운 사냥개가 본질을 강하게 물고 '네가 뭐냐?'고 몰아붙이며 세 시간을 버텨보고자 각오했다. '이것이 무엇인가?' 물어보면 대답하고 내 몸을 마음대로 조정하는 이 생명 자체를, 사냥개가 단단히 물고 "너가 뭐냐?"고 다그쳤다.

그러기를 한 10분이나 지났을까 얼마 지나지 않아 "도대체 이 승강이하는 당체가 뭐지?" 하는 의문이 들어 상황을 짚어보았다. 본질은 이 몸을 마음대로 조정하는 이것이고, 물고 늘어지는 쪽은 "너가 뭐냐"며 다그치는 그것이었다. 대답도 하고 온갖 작용하는 본질인 이것이나, '너가 뭐냐'고 묻는 그것이나 같은 생명현상, 같은 성질이라는 생각이 번쩍 들었다. "어? 이상한데? 다 같은 작용인데 왜 대적하고 있지?" 하는 자각이었다. 내 몸을 다루는 같은 기능의 작용이라는 것을 알아챈 것이다. 그러자 갑자기 사나운 개가 물고 있던 이빨을 스르르 빼는 것이다. 어? 어? 하면서 맥락을 짚어보는데, 나를 움직이는 본질과 다그치는 개가 서로 바라보며 웃고 있는 것이 아닌가? 그러면서 형상화된 관념의 판이 이리저리 움직이면서 새로 조각이 맞추어지는 것이다. 이해 안 되는 것은 이 현상이다.

나의 무의식에서 관념들이 재조정되는 찰나인 것 같았다. 진동하며 재구조화되는 것이 이미지로 선명하게 보였다. 그러고 보니 치유나 깨달음, 모두 무의식의 재구조화인가보다. 긴장감 속에서 다시 찬찬히 맥락을 살펴보았다. 그렇지! 어떤 현상이라도 본질과 하나라고 체감되자 세상의 부정적인 면들이 모두 긍정적으로 보이기 시작하였다. 내 인생 역경의 많은 상황들이 모두 내 수행을 위한 작업이었다. 힘든 투병생활도, 날 힘들게 했던 사람들도 모두 날 위해 연극을 했던 것이다. 연극의 막이 내린 듯 '몰랐지?' 하면서 웃는 것 같았다. 모두 고마운 스승들로 재조명되며 감사함에 울컥하였다. 장에서 소화가 되느라고 소리가 크게 났다. 온몸이 좀 더워지는 것 같았다.

'중생이 부처'라는 말이 받아들여졌다. 세 시간이 어느새 훌쩍 지났다. 법사님께서는 '완전히 방점을 찍도록 하라'고 방향을 짚어주셨다. 생각만큼 기쁘지는 않았지만 편안하였다. 이제부터 수행 시작임을 실감할 수 있었다. 그 이후 죄책감과 수치심이 많이 사라졌다. 상담에서 치유하기 힘든 부분이 이렇게 한꺼번에 해결되니 기뻤다.

원래 도는 '언어도단 불립문자(言語道斷 不立文字)'이거늘, 드러낼 수 없는 것을 체험이라는 이름으로 표현하고 보니, 나의 법상(法相)을 드러내는 것 같기도 하고, 나에게 인격적 성숙을 기대할까 두렵다. 단지 내 수준의 체험을 전제로 시작하였으니, 최근 얼마 전 경험으로 마무리할 일이다. 역시 집중수행에서 내면으로 진화두를 참구하는 중이었다. 가슴의 답답한 공간이 몸을 박차고 확 열리면서 이 세상 전체가 '나'라고 알아지며 서늘하였다.

그것이 나를 포함하고 있다고 알았는데 '내가 전체'임을 처음 알았다. 그러고 보니 내가 너무 소심하게 살고 있었다. 너무나 크고 대단한 존재인데 참 쪼잔하게 살았다. 보살심을 발원할 필요도 없이 저절로 넉넉해졌다. 처음 공부할 땐 체험이 법상이 될까 저어했다면, 이번에는 습(習)에 의해 작아져 있는 나 자신을 알아차리면서 겸손하지만 당당하게 그 그릇을 키우는 일이 남았다.

백경임

이화여자대학교 가정관리학과, 동국대학교 대학원을 졸업한 후 경희대학교에서 박사과정을 마치고 오리건주립대학교 교환교수를 역임했다. 동국대학교 가정교육과 교수로 재직하다 정년 퇴임했다. 저서로는 『부모가 시작하는 내 아이 성교육』이 있고, 주요 논문으로는 「구체적 조작기 아동의 부처님 개념에 관한 조사연구」, 「불교적 관점에서 본 수태·타태·출생」, 「불타의 재가아동관」 등이 있다.

23

모든 것은 마음이 만든 허상이었다:
봉인사奉印寺에서

김산옥

휴가를 받은 딸들과 남양주에 있는 봉인사로 템플스테이를 갔다.

사찰에 도착하니 빗발이 굵어진다. 장마철 우기에 흠뻑 젖어 있는 산사는 푸른 숲과 뒤엉켜 있다. 입소 확인을 위해 종무소에 들르니 싸한 공기가 훅 안긴다. 으스스한 느낌은 비가 내리기 때문이라고 여겼다. 종무소 직원은 웃음기 없는 얼굴로 옆 사무실에 가서 의뢰하라고 한다. 그녀의 무반응에 주춤한다.

후려치는 빗줄기를 피해 우산을 접고 옆 사무실로 들어섰다. 입실을 허락받기 위해 우리 삼 모녀는 후줄근한 모습으로 안내하는 처사님 앞에 섰다. 마치 죄지은 교도소 수감자들 같다.

여름철 숙소는 삼복중 열기와 습기로 한증막이다. 방은 셋이 누우면 족했다. 텅 빈 방에는 선풍기 한 대와 얇은 요 세 채에 베게 세 개가 전부다. 창문은 우거진 나뭇잎이 커튼처럼 빼곡히 가리고 바람을 차단한다. 우리는 나누어준 법복으로 갈아입었다. 문득 영화 「7번 방의 선물」 한 장면, 교도소를 떠올리게 한다.

입소를 마친 우리는 뜻있는 추억만들기에 생각이 분분했다.

이른 저녁 공양을 마치고, 잠깐 비 그친 틈을 타서 사찰을 두루 돌아보기로 했다. 비구름을 잔뜩 머금은 하늘은 이미 어둠을 흩뿌리고 있다. 지장전 뒤에 있는 어둑한 산책로로 들어섰다. 땅거미 내려앉는 그곳에는 영가들을 모신 봉안묘가 끝없이 이어져 있다. 뒤따르던 딸애가 그만 내려가자고 옷깃을 잡아끈다. 으스스한 냉기가 따라오는 듯하다.

우리는 사찰 반대편 산책로로 다시 접어들었다. 그냥 숙소로 들어가기 아쉬워 우거진 나무 숲길을 따라 걸었다. 왠지 그곳은 한적하고 아름다운 산길일 것만 같았다. 조금 올라가니 그곳에도 영가들을 모신 봉안묘가 수없이 이어져 있다. 뜨악한 표정을 짓는 딸애를 보고, 이곳은 영가를 모시는 지장전 사찰이라 봉안묘가 많은 것 같다고 설명했다. 딸은 슬그머니 내 손을 잡아끈다. 서둘러 숙소로 돌아왔다.

해 떨어지면 이곳에는 아무것도 할 수 없다. 사면이 숲이고 적막강산이다. 우리는 사찰 지침대로 일찍 불을 끄고 누워서 이런저런 이야기로 잠을 청한다.

두 아이 엄마인 큰딸은 아이들 걱정으로 매 순간 마음 무겁게 산

경기도 남양주에 있는 봉인사 전경

다. 내가 살아온 삶보다 더 무거운 짐 지고 살아간다. 학교 교육, 사교육, 성장 과정의 애환이 내 아이 셋 키울 때보다 열 배는 더 힘든 것 같다. 무거운 짐 지고 하루하루를 초고속으로 달리기하는 딸을 보니 측은하다 못해 안타깝다. 그 무거운 짐 잠시 벗어 놓자고 엄마와 함께 산사를 찾았을 텐데 막상 오고 보니 이곳 또한 만만치 않다.

그쳤던 비는 다시 줄기차게 내린다. 나뭇잎에 떨어지는 빗소리는 엄청난 굉음으로 창문을 타고 넘어온다. 무단침입이다. 창문을 닫고 싶어도 밀폐된 공간에 선풍기 혼자 돌아가게 할 수는 없다. 쉽게 잠들 것 같지 않다.

딸들은 밤이 깊어도 잠들지 못하는 눈치다. 저녁을 마친 후, 곧바로 숙소로 들어왔어야 했다. 공연히 산책하자고 이쪽저쪽 사방에 둘러싸인 봉안묘를 보게 할 것이 아니었다. 따지고 보면 지금 우리는 영가들이 잠들어 있는 봉안묘지 한가운데 누워 잠을 청하고 있다. 차라리 아무것도 보지 않았다면 마음이 평화로웠을 것이다. 원효대사가 밤중에 해골에 든 물을 아무렇지도 않게 마신 것처럼.

백중에는 모든 영가가 휴가를 나온다고 한다. 영가들은 49일간 이승을 떠돌며 자손들이 조상님 극락왕생을 위해 지내는 잿밥 얻어먹고 떠난다고 한다. 조상을 모시는 나도 해마다 시부모님을 위해 백중 기도를 올린다.

하필 모든 영가가 떠도는 백중 기간에 이곳에 왔나 싶다. 이 어둠 속에서 영가들이 눈을 번뜩이며 수없이 우리 곁을 오갈지도 모른다는 생각에 자꾸만 뒤척여진다. 딸애도 같은 생각을 하고 있는지 쉬이 잠들지 못하는 눈치다. 오로지 엄마를 위해 금쪽같은 휴가를 이곳에서 보내는 딸들에게 미안했다.

세찬 빗소리와 함께 선풍기는 끼익 끼익 신음한다. 설핏 잠이 들려는데 바람 소리에 문소리가 덜컹한다. 동시에 딸이 으악! 소리를 지른다. 느닷없이 지르는 소리에 더 놀라 한동안 심장이 진정되지 않는다. 잠들지 못한 딸아이에게 그 소리는 천둥소리와 같을 것이다. 다시 잠을 청해보는데 요란한 자동차 소리가 빗소리보다도 더 크게 창문을 타고 들어온다. 어느새 새벽이다.

아침에 일어나니 잠 설친 세 모녀의 모습이 초췌하다.

아침 공양을 마치고 패잔병들처럼 '큰 법당' 앞마당에 들어섰다. 마당에는 300살 먹었다는 살구나무가 손을 높게 펼치고 우뚝 서 있다. 마당 전체를 그늘 지울 만큼 웅장하다. 비 갠 하늘은 민낯을 드러내고 해맑게 내려다본다. 온통 초록빛으로 싸여 있는 절 풍경은 근엄하고도 아름답다. 간밤에 아무 일도 없었던 것처럼 평화롭고 고적하다. 괴괴 망상으로 잠 못 들었던 생각을 한순간에 싹 거둬낸다.

큰딸이 얼굴을 바짝 들이대며 실없이 웃는다.

"왜 웃어?"

"엄마, 부처님이 나를 보고 '웃기냐?' 했어요."

뜬금없는 말에 귀를 기울이니 작은 소리로 말을 한다.

"부처님이 세상사 다 별거 아니래요."

밤새 끼익대며 돌아가던 선풍기 소리, 자지러지게 쏟아지는 빗소리, 심장을 멈추게 하는 문소리, 산속을 뒤흔드는 자동차 엔진소리,

영가들 봉안 묘지로 둘러싸인 잠자리, 어떻게 하면 자식을 잘 키우나…… 하는 오만가지 잡념으로 시달리다 잠을 설쳤는데, 막상 부처님 앞에 서니 모든 것이 허상이었구나, 모든 것이 마음이 만들어낸 고통이었구나 하는 생각이 들어 저절로 웃음이 나왔단다. 멋쩍게 웃으며 부처님을 바라보니 온화한 모습으로 자신을 바라보며 '웃기냐?' 하는 것 같더란다. 모든 것은 마음이 만들어내는 병이라고, 힘겹게 들고 있는 근심 걱정도 결국은 아무것도 아니라며 딸은 해맑게 웃는다.

내가 평생 불자입네 살아왔지만, 일말의 깨달음도 얻지 못한 것을 딸애는 한순간에 알아차렸다. '석가모니가 영산회상에서 연꽃을 들어 보이자 팔만대중 중에 가섭존자만이 그 뜻을 알아차리고 빙그레 미소를 지었다는 염화미소(拈華微笑)'처럼.

마음이 지옥도 만들고 천국도 만든다더니 비 그친 봉인사는 그 여느 사찰 못지않게 아름답다. 처음 싸하게 느꼈던 사찰에 대한 선입견도, 퉁명스럽게 보였던 종무소 직원의 반응도, 무섭고 괴괴하게 느꼈던 잠자리도, 수없이 안착한 봉안묘의 으스스함도 다 마음이 만들어낸 허상이었다. 아무것도 아니었다. 한마디로 웃겼다.

앞으로 살아가면서 힘들고 어려움이 있을 때마다 우리는 서로 바라보며 '웃기냐?' 부처님이 알아차리게 한 화두로 위안받으며 이겨낼 것이다.

오랜 세월 부처님 곁에 머물렀지만, 법문의 가르침에 이르지 못했다. 뜻도 모르고 『천수경(千手經)』을 외웠고, 무심히 『반야심경(般若心

經)』을 읽었다.

어느 날 맹난자 선생님을 만났다. 맹 선생님은 내게 『반야심경 강의』(김성규 지음)라는 책을 선물로 주셨다. 『반야심경』을 아주 쉽게 풀이해놓은 책이다. 아무리 쉽게 풀이해놓았다 하더라도 『반야심경』의 깊은 뜻을 한순간에 헤아리기는 어렵다. 스님들이 공의 원리를 깨닫기 위해 평생을 공부한다고 하듯이, 그 어려운 깨달음을 어찌 미흡한 중생인 내가 한순간에 깨달을 수 있겠는가. 그러나 『반야심경』은 가장 뛰어난 지혜의 완성을 성취하는 핵심이 되는 말씀이라는 것을 알았다. 결국 일체 만물에 고정불변하는 실체가 없다는, 모든 것은 공(空)이라는 것도.

"물질(육신)이 공과 다르지 않고(제행무상) 공이 물질과 다르지 않아서 물질이 곧 공이며(제법무아) 공이 바로 물질이다(공즉시색)."(『반야심경 강의』, 35쪽)

육신을 이루면서 살아 있는 동안을 색이라 하면 육신이 흩어진 죽음은 공이라고 한다. 결국 지, 수, 화, 풍으로 이루어진 형상이 있는 모든 것은 인연으로 생겨 형상을 이루고 인연이 다하면 흩어져 공으로 돌아가게(제행무상) 된다는 것이다. 그리하여 생로병사는 인연의 작용(제법무아)에 의하여 주하다가 흩어지는 과정일 뿐이라고. 깨끗함도 없고 더러움도 없으며, 좋아함도 없고 싫어함도 없다. 물체나 물체작용이나 정신이나 정신작용이나 모두가 공이라 이 도리만 알면 우리는 삶과 죽음에서 자유로워진다고 한다.

쉬운 것 같으면서도 이처럼 어려운 법문이 어디 있을까. 그러나 요즘은 『반야심경』을 읽으면 마음이 달라진다. 뜻 하나하나에 마음 조아리게 된다.

형상이 있는 모든 것은 영원하지 않아서	諸行無常
끝없이 났다가 없어지나니	是生滅法
나고 없어지는 법 깨닫고 나면	生滅滅已
진리의 바다 고요하여 즐거우리	寂滅爲樂

부처님께서 나찰에게 이 게송을 듣기 위해 자신의 몸을 던져 보시하겠다고 약속하셨다. 부처님이 목숨 걸고 얻은 게송을 나는 너무도 쉽게 얻었다. 이 게송만으로도 내 삶의 질이 달라지는 축복이다.

『반야심경』을 마무리하는 지혜의 주문은 가장 중요한 설법이다. 고설반야바라밀다주 즉설주왈 '아제아제 바라아제 바라승아제 모지 사바하'를 목숨을 건 지극한 마음으로 세 번만 암송하면 '지혜의 완성'을 이루어 부처가 된다고 한다. 어떠한 상황이든 진심으로 믿으면 그대로 이루게 되어 있다는 뜻일 것이다. 일말의 의심 없이 부처님을 향한 진정한 믿음이라야 이룰 수 있으리라 믿는다. 딸아이가 부처님이 가만히 내려다보며 '웃기냐?' 했다고 믿는 것처럼, 진심으로 믿는 그 마음은 모든 것을 지혜의 완성으로 인도할 것이다.

"아제아제 바라아제 바라승아제 모지사바하."

김산옥

2005년 『현대수필』로 등단하였다. 저서로는 수필집 『하얀 거짓말』, 『비밀 있어요』, 『왈왈』, 선집 『,를 찍으며』, 『늦게 피는 꽃』, 『땅에서 빛나는 달』 등이 있다. 산귀래문학상, 구름카페문학상, 김우종문학상, 일신수필문학상, 청암문학상을 수상하였다. 현재 한국문인협회 회원, 계간 『현대수필』 편집위원으로 활동하고 있다.

24

부탄에서 환생을 생각하다:

연기법에 대해

이명진

은둔의 왕국에 도착했다.

히말라야산맥에 둘러싸여 있는 파로공항은 바람을 가둬두기라도 할 듯 고요했다. 바람[風]은 모든 사람의 간절한 바람[望]을 간직한 채, 골목과 거리와 허공까지 쓸고 다녔다. 부탄이란 나라는 '신들의 정원' 혹은 '벼락치는 용의 나라'라고도 한다. 부탄은 히말라야산맥 한가운데 푹 파묻혀 수 세기 동안 세상과 동떨어져 지내며 대승불교의 전통을 지켜왔다. 국기에 그려진 용 한 마리가 여행객의 마음을 요동치게 만든다.

공항 밖으로 나오자 원피스로 된 전통 복장인 '고'를 단정하게 차려입은 가이드가 얼굴 가득 웃음을 머금고 반겨준다. 그는 맑고 선한 눈을 커다랗게 뜨며 수줍은 듯 자기소개를 했다. 부탄에서의 첫 인연이다. 악수로 맞잡은 그의 손이 유난히 따뜻했다. 온기가 손바닥을 통해 소용돌이를 만든다. 손을 잡고 흔드는 순간, 저릿한 기운이 내 혈관을 타고 온몸을 휘저었다. 아찔한 전율이 부채살처럼 퍼지는 햇살을 가로막는다. 가까스로 정신을 가다듬으며 젊은 청년을 바라봤다. 해맑은 표정으로 눈 맞춤을 하고 있다. 그가 서 있는 사이로 잔잔한 바람이 길을 만들며 옷자락 마디를 여미게 했다.

"저는 한국에 있는 경희대에서 유학했습니다."

그의 음성은 현악기 울림처럼 부드럽게 귓속을 파고들었다. 말을 할 때마다 얼굴 가득 피어나던 미소는 친근감을 불러일으켰다. 까무잡잡한 피부조차 예전에 어디선가 본 듯한 친숙하고 다정한 이미지다. 어디서 봤을까.

꼿꼿하게 허리를 세운 채였다. 다리를 모으고 버스에 앉아 있는 그의 모습을 보며 마음이 흔들렸다. 검정 스타킹을 신은 다리가 부동의 자세로 인해 가늘게 보였다. 여자들 치마처럼 생긴 전통 의상은 다리를 벌리고 앉는 남자들의 무례한 몸동작을 허락하지 않는다. 그래서인지 더욱 겸손해 보이는 옷매무새다. 자꾸 그에게 시선이 갔다. 나를 피하지 않으며 눈길이 마주칠 때마다 웃음으로 화답해준다. 덩달아 따라 웃었다.

'언제 만난 듯 익숙한 얼굴인데' 도통 생각이 나질 않는다. 하지만 그를 만났을 리 만무하다. 한국에서 유학을 마치고 왔지만 내가 사는 지역과는 거리가 멀었다. 활동하던 영역도 전혀 달랐다. 하물며 나이 차이도 많지 않던가. 그의 웃음이 또 나를 향하고 있다. 현재의 삶에서 그를 만난 일 없다면 전생에 인연일 수 있겠다는 생각이 머릿속을 휘저어놓는다. 그와 내가 전생에 부모 자식이었거나, 부부의 정으로 혹은 연인 사이로 만났을지 모를 일이다.

왜 각별한 사이였던 인연으로 의식되는지 알 수 없다. 부탄에 존재하는 모든 신들이 나를 과거의 세상으로 인도하는 듯싶다. 아니면 부처님께서 그와 나를 맺어주고 싶어 강한 에너지를 발산하는 걸까. 훅, 밀려오는 예상치 못한 힘은 내 사고를 완전히 지배하기 위해 분주했다. 그때였다.

"꼭 어머니처럼 따뜻한 기운이 전해져요."

그는 살짝 입꼬리를 올린 채 말을 건네왔다.

화엄에서는 모든 일이 될 수 있다는 절대 긍정을 통해 연기법의 연멸(緣滅)을 가르친다. 반야, 중관에서는 그 어떤 것도 아니라는 절대부정을 통해 연기법을 가르치고 있다. 화엄의 법계연기는 사사무애(事事無碍) 연기라 했다. 사사무애 연기는 '일즉일체, 일체즉일'로 하나가 곧 무한이요, 무한이 곧 하나다. 그러기에 내가 항상 존재하는 곳에서 관계 맺게 된 인연은 저기 아니면 여기 사이에서 생사를 떠나 조화를 이룬다 하지 않던가.

어느덧, 그와 함께 향하고 있는 곳은 '푸나카'였다. 그곳에는 부탄에서 가장 아름답다고 하는 '푸나카 종'이 남녀 화합의 의미를 간직한 채 자리하고 있다. 아버지의 강인 포추와 어머니의 강인 모추가 합쳐지는 길목이다. 한 폭의 수묵화처럼 지나는 이들의 시선을 사로

부탄의 불교사원인 푸나카 종

잡고 있는 사원이 '푸나카 종'이다. '종'이라 불리는 사원은 정치를 관장하는 관공서를 포함하고 있다. 또한 승려들이 기거하며 국책을 의논하고 결정했던 성과 같은 건물이다. 줄지어 서 있는 나무숲과 소박한 기원을 담은 기도문이 룽다와 타르초의 깃발 사이로 펄럭펄럭 바람 소리를 들려준다.

바람이 실어나르는 경전의 소리를 듣고 싶어 두리번거릴 즈음 광장 안쪽에 자리한 거대한 보리수나무가 손짓한다. '지금 처한 상황에 만족하라.' 초르텐을 앞에 두고 탑돌이하는 이들에게 이마에 달린 또 하나의 눈을 바라보라고 말한다. 석가모니께서 깨달음을 설파한 보리수나무는 편안하고 안온하게 그늘을 만들었다. 얻을 것은 무엇이고 잃을 것은 무엇인지 보리수 이파리는 조용히 물어온다.

내 인생의 행선지는 어디인가. 극락이란 괴로움이나 불행 없이 항상 즐거움과 행복만 가득한 세계라 했다. 그래서 누구나 극락을 찾고 원하는 걸까. 현재라고 하는 지금은 시간이며, 시간이란 변화일 터이다. 과거는 변화가 완료된 상태이다. 현재란 변화하고 있는 시점이다. 미래란 아직 변화하지 않은 상태이다. 그러기에 현재는 과거와 미래를 모두 포함하고 있지 않은가. 문득, 푸나카 종으로 들어오는 입구에 있던 나무다리를 건널 때, 그가 불러주던 노랫가락이 애절하게 가슴을 휘감는다.

푸나카라는 지역은 남자 강과 여자 강이 만나는 장소이다. 남자 강에 터전을 일군 물고기는 잘 생겼고, 여자 강에 살던 물고기는 예뻤다. 잘 생기고 예쁜 둘이 만나 사랑을 하자 누군가 방해를 한다. 헤어졌다 다시 만난 둘은 인연법에 따라 여러 가지 사연을 간직한 채 지고지순한 사랑을 하게 된다. 아마 푸나카 종에서 들려오는 불경 소리를 듣고 그들도 참회와 참선을 반복하지 않았을까. 끊어질 듯 이어지던 한 소절 한 소절이 마음을 후벼팠다. 노래를 끝낸 그가 내게 질문을 했다.

"환생을 믿으세요?"

꼬불꼬불 좁고 비탈진 비포장길 위를 곡예하듯 달리는 미니버스 속에서 25살 앳된 청년이 환생을 물었다. 부탄은 대승불교 사상을 모태신앙으로 따르고 섬기는 국가였다. 국민의 90퍼센트가 불교를 종교로 삼고 있다. 그래서일까. 그는 대학을 졸업하면서 바로 출가를 준비했다고 한다. 출가가 그리 쉬운 결심이 아닐 터인데 한창 혈기 왕성한 젊은 남자가 승려를 꿈꿨다니 놀라웠다. 행복지수가 세계 1위인 나라에서 승려를 꿈꾸는 청년은 외국인의 호기심을 자극할 만했다. 고등학교 시절 우수 학생으로 뽑혀 한국 유학까지 무상 혜택을 받은 그였다.

"저는 환생을 믿어요."

움직이는 버스 속에서 그는 자신의 전생을 이야기했다. 조선시대에 한국인으로 태어나 살다 부탄에서 환생한 탓에 한국을 사랑한다고 했다. 그는 조선시대에 학자 아니면 승려였을까. 묻고 싶었지만 애써 참았다. 나와 인연도 전생 업에 의해 이루어진 관계라면, 그의 환생에 대한 믿음을 내가 확인해야 할 필요가 없지 않은가.

육신보다 영혼을 중시하는 대승사상이다. 그러기에 육체보다 정신을 우선하고 불법을 깨닫는 일이 곧 윤회를 끊는 일이라 생각한다. 환생불도 그들에게는 모든 일에 영험함을 보이며 정신적 지도자로 손색이 없다. 높은 산악지대에 터전을 일구고 살아오는 동안 울창한 숲은 맑고 신선한 공기와 풍부한 수량까지 만들어 주었다. 바람은 부처님 말씀을 모두에게 실어나르는 일에 부족함이 없었다.

학식과 덕망을 고루 갖추고 중생들의 바른 생을 인도하던 린포체가 죽음 후에 다시 어린아이로 환생한다. 린포체는 예전의 능력을 되살려 중생구도에 매진한다. 이보다 좋은 일이 어디 있겠는가. 환생불의 상구보리(上求菩提) 하화중생(下化衆生)에 대한 원력을 믿고 신성시할수록 마음까지 평화롭고 행복해진다면 바람이 전해주는 경전 소리를 굳이 마다할 사람 있겠는가.

"그대는 전생에 어느 절에서 살았지?"

"경주에 있는 불국사예요."

또다시 바람이 스르륵 소리를 낸다. 얼굴을 스치고, 코끝을 간질이며, 귓볼을 쓰다듬는다. 향기가 물씬 풍겨온다. 모락모락 향불이 타오른다. 소리 없는 울림이 너울춤을 춘다.

그는 꿈에서 부처님의 가피를 받았다고 했다. 자신이 해야 할 일이 무엇인지 가르침을 받았으니 욕심도 버리고 마음마저 내려놓는다 했다. 하심(下心)을 깨닫고 탑돌이를 하며, 오체투지로 고행도 경험했으니 그도 부처일까. 구호단체 일을 하고 싶다는 그의 몸이 바람 소리를 들었는지 가늘게 흔들렸다.

"한국에 가면 적멸보궁 다섯 군데와 불국사에 꼭 가보고 싶어요."

그 말을 듣는 순간 선뜻 안내를 해주겠다고 약속했다. 그는 자신의 전생이 '김대성'이었다며 엷은 미소를 흘렸다. 환생을 믿는다는 부탄 청년이 불국사와 김대성을 이야기한다. 김대성은 신라시대 재상이 아니던가. 김대성은 경덕왕의 명에 따라 불국사를 다시 짓고 석불사(훗날 석굴암)를 새로 지었다(774년 완공)고 전해오는 인물이다.『삼국유사』에 따르면 김대성은 전생에 경주 모량리의 가난한 여자 경조의 아들로 태어나 품팔이를 하며 살았다. 그러던 어느 날 "하나를 보시하면 만 배의 이익을 얻으리라"는 스님의 말을 듣게 되었다. 그는 품팔이로 마련했던 밭을 시주한 뒤 죽었다. 그날 밤 재상 김문량의 집에 다시 태어난 김대성은 전생의 어머니 경조도 모셔와 함께 살았다고 한다. 부자보다 가난한 이의 시주가 더 큰 인과응보의 결과를 얻어냈으니 불교로 귀의한 김대성은 사찰 불사에 큰 힘을 보탤 수밖에 도리가 없지 않았겠는가.

　다시 태어난다는 사실은 무슨 의미일까. 아마도 기계적으로 습득한 지식은 버리고 처음 태어날 때처럼 순진무구함으로 돌아가는 길을 의미할지도 모른다. 부탄에서 가이드를 하는 그가 신라시대 김대성이었다면 현재 나의 전생은 경조였을까.

　부처님의 말씀이 연기로 남아 룽다에서 타르초와 초르텐까지 전해지는 찰나다.

이명진

동국대학교 문화예술대학원 문예창작학과에서 석사학위를 받았다. 1997년『해동문학』에서 수필가로 등단했으며, 2011년『수필과비평』에서 「법정수필연구」로 평론가로 등단했다. 경기도 문학상, 풀꽃수필문학상, 일신수필문학상, 신곡문학상 본상 등을 수상했다. 현재『수필미학』,『계간문예』이사로 활동하고 있다.

25

무량사에서 만난 매월당의 시혼:
김시습의 불교와 문학

김대원

신동, 5세 김시습

매월당 김시습(金時習, 1435~1493)은 조선시대를 살다 간 천재 문인이자, 불교 승려이다. 스스로를 '방외인(方外人)'이라 할 정도로 세상의 격식에 자유로웠으며, 생육신의 한 사람으로 절개를 굽히지 않은 조선의 선비였다. 그는 위험을 무릅쓰고 능지처참 된 사육신의 시신을 수습하여 노량진 언덕에 묻었다.

본관은 강릉이며 자는 열경(悅卿)이다. 호는 오세(五歲)·청한자(淸寒子)·동봉(東峯)·벽산청은(碧山淸隱)·췌세옹(贅世翁)·매월당(梅月堂) 등이다. 그는 태어난 지 여덟 달 만에 벌써 글을 알았다고 하며, 최치운(崔

致雲)이 기이하게 여겨 '시습'이라고 이름을 지었다. 말은 느리지만 정신은 경민(警敏)하여 글을 보면 입으로는 읽지 못했지만, 그 뜻은 모두 알았으며, 세 살에 시를 지을 줄 알았다.

그는 다섯 살에 『중용』・『대학』에 통하였으며, 글짓기도 더한층 진보되었다. 이러한 그의 소문을 들은 정승 허조(許稠)가 그의 집을 방문하여 실력을 시험해 보았다.

"애야, 나는 벌써 늙은 사람이니, 노(老) 자로 운(韻)을 달아서 시 한 구절을 지어봐다오."

이에 김시습은 이 같은 시구를 내놓았다.

"늙은 나무에 꽃이 피었으나 마음은 늙지 않았구려.(老木開花心不老)"

세종이 그의 소문을 듣고 승정원(承政院)에 분부를 내려, 시습을 불러서 지신사(知申事) 박이창(朴以昌)으로 하여금 그의 실력을 시험케 했다.

박이창이 "어린아이의 학문이/흰 학이 푸른 소나무 끝에서 춤추는 것 같아라.(童子之學白鶴舞靑松之末)"라고 운을 떼자, 시습은 "성스러운 임금님의 덕은/누런 용이 푸른 바다 가운데서 번드치는 것 같아라.(聖主之德黃龍翻碧海之中)"라고 답했다.

이를 전해 들은 세종이 비단 쉰 필을 하사하되, 그의 앞에 포개어 두고 스스로 가져가게 했다. 어떻게 하는가 보았더니, 시습은 곧 어렵게 생각지도 않고, 50필을 풀어 끝과 끝을 묶은 뒤 허리춤에 앞 끝을 묶어서 끌고 대궐 문을 나갔다.

21세 때 삼각산(三角山) 중흥사(重興寺)에서 공부하던 그는 수양대군이 조카 단종을 몰아내고, 왕위에 올랐다는 소식을 듣고 통분(痛忿)하

매월당 설잠스님(김시습)의 진영

여 나흘 동안이나 두문불출 단식한 뒤, 읽던 책을 모두 불태워버리고 삭발염의로 법명(法名)을 설잠(雪岑)이라 하고 긴 방랑 길에 올랐다. 자신의 방랑을 호탕한 유람, 즉 탕유(宕遊)라 일컬었던 그의 놀 '유(遊)'자를 붙인 네 권의 책이 『사유록(四遊錄)』이다.

나그네	有客
청평사에 찾아든 나그네가 있어	有客清平寺
봄 산을 멋대로 노닌다.	春山任意遊
산새 우짖는데 외로운 탑은 고요하고	鳥啼孤塔靜
꽃잎이 흘러내리는 작은 시내에 떨어지네.	花落小溪流
보기 좋은 산나물이 때를 알아 부쩍 자라고	佳菜知時秀
향기로운 버섯은 비 온 뒤라 보드랍네.	香菌過雨柔
시를 읊으며 걷는데 신선의 마을로 들어서니	行吟入仙洞
내 일생의 시름을 풀어보리라.	消我百年憂

전국 방방곡곡을 방랑하다가 오봉산 청평사에 이르러 쓴 시이다.

그는 자신의 이상인 충의를 지키기 위해 세상을 버렸지만, 결코 현실에 관심을 거둘 수는 없었다. 한 가지 사상에만 빠지지 않았던 김시습은 유교, 불교, 도교를 넘나들며 불교에 대한 비판도 서슴치 않았다.

우리나라 최초의 한문 소설로 평가되는 『금오신화』를 보면 '남염부주지'에서 송유이학(宋儒理學)의 입장에서 세속화된 기복 불교와 제례 중심의 불교를 비판하고 선불교의 높은 수행 단계를 추구했다.

설잠스님의 법성게(法性偈) 해

설잠스님은 의상대사의 '화엄일승법계도'에 주(註)를 달고 아울러 서문을 지었다. 화엄의 종조 의상대사가 『화엄경』의 요지를 7언절구 210개의 한자어를 회전·굴곡 시켜 원용한 법계 하나의 해인(海印) 형태를 완성했다. 그것은 마치 대해(大海) 속에 일체 사물의 모습이 도장을 찍듯 선명하게 투영되어 있듯이 맑고 고요한 삼매 속에 일체의 진상(眞相)이 드러남을 뜻한다. 이 도인(圖印)은 '법성원융무이상'의 '법'에서 시작하여 '구래부동명위불'의 '불'로 그쳐 해인삼매의 총상인(總相印)이 된다. 법성(法性)에 의한 해인삼매를 나타내는 시게(詩偈)이기 때문에 이를 법성게(法性偈)라고도 한다.

『화엄일승법계도주(華嚴一乘法界圖註)』를 보자.

> "깨달음보다 더 나아간[向上] 길은 일천 성인도 전하지 못하니 이미 전하지 못하는 소식이라면 이러한 법계(法界)의 그림은 무엇으로부터 나온 것인가? 가령 종으로 횡으로 구불구불함과 글자와 점들이 얼룩덜룩한 것이 이 그림인가? (…) 의상 법사가 마음을 쓰고 생각을 움직여가며 자비심을 드리워서 중생들을 이롭게 함이 이 그림인가? 가령 조짐이 아직 싹트지 않고 그릇이 미처 형상을 이루지 아니하였을 적에 벌써 이 그림인가?"

설잠스님은 잠자코 있다가 이르되, "낚싯바늘 드리운 뜻을 알아차리고, 눈금의 표식을 오인하지 말라"고 하셨다. "조짐이 싹트지 않고 명기(名器)가 미처 형(形)을 이루지 아니하였을 적에 벌써 도(圖)인 것인가"라는 구절에 이르러 이는 미발(未發), 미생전(未生前)의 '부모 미생 전 본래면목(本來面目)'의 자리를 물은 것이 아닌가? 하고 생각된다. 또한 낚싯바늘 드리운 뜻을 알아차리고 눈금의 표식을 오인하지 말라고 한 구절에서는 설잠스님이 백담사에서 주(註)를 단 『십현담(十玄談)』의 '열경주(悅卿註)'와 동안 상찰스님의 시구를 떠올리게 한다.

　　　묻노니 심인(心印)은 어떻게 생겼기에/심인을 누가 감히 전수한다 하는 거냐. (…) 무심(無心)이 곧 도(道)라고 이르지 말라./무심도 한 겹의 관문, 격(隔)하고 있느니라.(동안 상찰스님의 「1. 심인」)

동안 상찰스님께서 '무심(無心)'의 집착을 경계한 것은 '눈금의 표식을 오인 밀라.'라는 것과 궤를 같이한다. 노자의 도가도 비상도(道可道非常道)처럼 무심이 본래 도(道)이건만, 도를 도라고 이르는 순간 그것은 머리 위에 머리를 다시 보태는 격이 된다. 모두 본질을 바로 보라는 말씀이다. '십현(十玄)'이란 선(禪)의 오묘한 취지를 10가지 면에서 노래한 것으로 선시의 백미라 할만하다. 스님의 높은 안목과 선지(禪旨)를 알 수 있는 대목이기도 하다.

설잠스님은 59세에 부여 무량사에서 『묘법연화경』 발문을 쓰고 그곳에서 원적에 드셨다. 스님은 입적에 들면서 승려들에게 "내가 죽거든 화장하지 말고 땅속에 3년 동안 묻어둬라. 그 후에 정식으로 화장해 달라"고 당부했다. 그가 원한 대로 시신을 땅에 묻었다가 3년 후에 무덤을 파헤치니, 시신이 살아 있는 사람과 똑같았다고 한다.

어느 날, 고즈넉한 절 무량사(無量寺) 일주문 앞에서 나는 합장한 채 걸음을 멈추었다. 천왕문으로 들어가는 계단에서 또 한 번 걸음을 멈추고 문안을 찬찬히 들여다보았다. 처마처럼 가지를 늘어뜨린 소나무 아래로 석등(보물 제233호) 등 국가 지정 보물들이 있지만, 나의 관심은 영정각에 있었다. 서너 번이나 무량사 탐방을 한 나는 늘 그랬었다. 영정각에 모신 초상은 가슴까지 그린 반신상인데, 머리에는 중절모처럼 생긴 검은 모자를 쓰고 있다. 시를 쓰는 사람으로 나는 대시인께 성심으로 합장배례를 드리고 무량사로 오르기 전, 부도(浮屠)들이 서 있는 무진암 쪽으로 갔다. 일제 강점기에 폭풍우로 나무가 쓰러지면서 이 부도 탑도 무너졌는데, 그때 나온 사리 1점은 지금 국립부여박물관에 보관되어 있다. 천왕문 밖 언덕에는 1983년 문인들이 세운 매월당 시비가 서 있다.

시비(詩碑) 앞에 서니 그의 「낙엽」이라는 시 한 수가 떠올랐다.

　　　떨어지는 잎이라고 쓸지를 마오
　　　맑은 밤에 그 소리 듣기 좋다오.
　　　바람이 불어오면 서걱서걱 소리 나고
　　　달이 떠오르면 그림자 어수선해라.

창을 두드려 나그네 꿈 깨우기도 하고
섬돌에 덮여 이끼 무늬도 없애네.
빗줄기 선 듯하면 어찌할 수 없기에
먼 산에 그 모습 한껏 여위었어라.

　수척한 노사(老師)의 모습이 공적(空寂)하다. 바람에 서걱거리는 소리, '창을 두드려 나그네 꿈 깨우기도 하고 섬돌에 덮여 이끼 무늬도 없애네.' 이 대목에서 나는 꿈 깬 자의 자각과 마음에 이끼 무늬도 없는 무심(無心)을 읽게 된다. 그분의 오도송같이 느껴진다. 청한(淸寒) 비구 설잠 시비 앞에서 그날 나는 쉽게 자리를 떠나올 수 없었다.

김대원
고려대학교 경영학과에 다니다 군에 입대하여 베트남 전쟁에 참전, 군복무를 마쳤다. JC어패럴을 설립해 운영하였다. 『수필과비평』을 통해 수필가로 등단하고, 『월간신문예』를 통해 시인으로 등단했다. 제34회 현대수필문학상, 제20회 수필과비평문학상, 제11회 김우종문학상, 제3회 월파문학상, 제3회 탐미문학상 등을 수상했다. 수필집 『백학산의 가을』, 『먼산에 달이 오르네』, 『한 뼘의 별바라기』 등이 있다. 현재 하전수필문학아카데미 대표강사, 여행작가로 활동하고 있다.

필자 소개 (수록순)

유한근

『동아일보』 신춘문예에 평론으로 등단하였다. 주요 저서에 『현대 불교문학의 이해』, 『한국수필비평』, 『원 소스 멀티 유스, 문학 이야기』, 『인간, 불교, 문학』, 『한국수필의 전망과 지표』 등이 있다. 만해불교문학상, 한국문학평론가협회상, 신곡문학상 대상, 여산문학상, 동국문학상 등을 수상하였다. 디지털서울문화예술대 교수·교무처장 역임하였으며, 현재는 『인간과문학』 주간으로 있다.

김호주

부산대학교 영어영문학과를 졸업하고, 같은 대학 대학원 영어영문학과에서 문학박사 학위를 받았다. 해운대고등학교 교사로 재직했으며, 창원 성민여고 교장을 지냈다.

정약수

1979년부터 2009년까지 부산대학교 영어영문학과 교수로 재직하고, 2010년 명예교수로 추대됐다. 2006년 계간 『수필춘추』를 통해 수필가로 등단했다. 새한영어영문학회장, 수필부산문학회장, 부산문인협회 자문위원 등을 역임하였고, 현재 부산대학교 평생교육원 효원수필아카데미 주임교수로 활동하고 있다.

박양근

1993년 『월간 에세이』에서 에세이스트로 천료하였고, 2003년 『문학예술』에서 「한흑구론」으로 문학평론가가 되었다. 국제펜클럽 한국본부 부이사장과 부산수필문인협회장을 역임하고, 현재 부경대 영문과 명예교수이며, 부산국제문학제 집행위원장을 맡고 있다.

저서로『문학오디세이를 위한 메타에세이』,『수필비평을 위한 현대성 프레임』,『잊힌 수필, 묻힌 산문』,『한국산문학』,『좋은 수필 창작론』,『미국수필 200년』등이 있다. 제 5회 김규련수필문학상, 동서문학상, 구름카페문학상, 신곡문학대상 등을 수상하였다.

문윤정

1998년『에세이문학』으로 등단하였다. 저서로는『선재야 선재야』,『마음이 마음에게 묻다』,『답일소』,『걷는 자의 꿈, 실크로드』,『터키, 낯선 시간에 흐르다』,『세계 문호와 의 가상 인터뷰』,『시간을 걷는 유럽 인문여행』외 다수가 있다. 현대수필문학상, 신곡 문학상 본상을 수상하였다. 지금은 서울교대 평생교육원에서 강의하고 있다.

김은중

2014년 계간『인간과문학』에 문학평론으로, 2018년『에세이문학』에 수필로 등단했 으며,『The 수필』선정위원, '철학수필회' 회원으로 활동 중이다. 저서로는『바퀴와 속도의 문명사』(공저),『명예란 무엇인가』(공저),『문학, 철학을 입다』등이 있다.

지혜경

이화여자대학교 사학과와 연세대학교 대학원 철학과를 졸업했다. 버지니아주립대학 교 방문교수를 역임했다. 주요 논문으로「가상현실 시대에 불교는 어떻게 응답해야 할까」,「철학상담방법론으로서의 선불교 수사학」등이 있으며, 저서로『근대불교인물 열전』(공저),『철학, 중독을 이야기하다』(공저) 등이 있다. 현재 연세대학교 철학연구소 전문연구원, 경희대학교 강의교수, 희망철학연구소 연구교수로 활동 중이다.

홍혜랑

고려대학교 법학과를 졸업하고 독일 마부르크대학교 독어독문과에서 수학했다. 한국 외국어대학교 독어과에서 문학석사를 마치고 고려대, 경희대, 한국외국어대 등에서 강사를 역임했다. 한국번역가협회 번역능력인정시험 출제위원과 협회 이사를 지냈 다. 30여 년 동안 수필 창작에 매진하면서, 철학가들과 함께하는 철수회(哲隨會)의 창 립에 동참했다. 한국수필문학진흥회 상임이사, 우리문학기림회 회장을 역임했다. 수 필문우회 운영위원이며, 저서로는 수필집『이판사판』,『자유의 두 얼굴』,『회심의 반 전』, 수필선집『문명인의 부적』,『운명이 손대지 못하는 시간들』등이 있다.

송마나

전남여고와 이화여자대학교 외국어교육학과(불어)를 졸업했다. 2016년『에세이문학』
에서 수필, 2017년『한국산문』에서 평론으로 등단했다.『에세이문학』에「신화 속, 여인
들은 이렇게 말했다」,『현대불교신문』에「송마나의 시절인연」을 연재하고 있다. 수필
집으로『하늘비자』가 있다.

맹난자

이화여자대학교 국문과와 동국대학교 불교철학과를 수료했다. 1969년부터 10년
동안 월간『신행불교』편집장을 지냈으며, 1980년 동양문화연구소장 서정기 선생
에게 주역을 사사하고 도계 박재완 선생과 노석 유충엽 선생에게 명리를 공부했다.
2002년부터 5년 동안 수필 전문지인『에세이문학』발행인과 한국수필문학진흥회
회장을 역임하고,『월간문학』편집위원과 지하철 게시판『풍경소리』편집위원장을
지냈다. 저서로는 수필집『빈 배에 가득한 달빛』,『사유의 뜰』,『라데팡스의 불빛』,
『나 이대로 좋다』, 선집『탱고 그 관능의 쓸쓸함에 대하여』,『까마귀』가 있으며, 작가
묘지 기행『인생은 아름다워라』,『그들 앞에 서면 내 영혼에 불이 켜진다』,『주역에
게 길을 묻다』,『본래 그 자리』,『시간의 강가에서』, 한 줄로 읽는 고전『하늘의 피리
소리』등이 있다.

이광준

동국대학교를 졸업하고 일본 고마자와대학에서 심리학 박사학위를 받았다. 한림성심
대학 교수, 서울불교대학원대학 석좌교수, 일본 국제일본문화연구센터 외국인 연구
원, 하나조노대학 연구원, 류코쿠대학 강사 등을 역임했다. 저서로는『카운슬링에 있
어서의 선 심리학적 연구』,『태아 심리학(胎兒心理學)』,『정신분석 해체와 선 심리학』등
이 있다. 현재 동서심리학연구소장으로 있으면서 불교심리학, 태아학 연구에 전념하
고 있다.

법념

2013년『동리목월』로 등단하였다. 동국대학교 외래교수를 역임했으며, 현재 경주 흥
륜사 한주로 주석 중이다. 저서로는 산문집『종이 칼』, 향곡선사와의 인연을 담은『봉
암사의 큰 웃음』등이 있다.

임길순

1998년 『책과인생』으로 등단하였다. 동국대학교 불교대학원 선학과를 졸업하였으며, 수필집 『슬픔을 사랑합니다』가 있다. 『한국산문』 편집부장, 한국문인협회 성동지부장을 역임하였다. 제8회 풀꽃문학상, 제15회 한국산문문학상, 제14회 한국문협 서울시 문학상을 수상하였다.

노정숙

2000년 『현대수필』로 등단하였다. 저서로는 수필집 『피어라, 오늘』, 아포리즘 에세이 『바람, 바람』 등이 있다. 현재 계간 『현대수필』 주간, 『The 수필』 선정위원, 성남문예 비평지 『창』 편집위원, 성남문예아카데미 원장으로 있다.

김태진

동아대학교 법학박사로 동 법무대학원 교수, 연세대 연구위원, 한국헌법학회 수석부 회장을 역임했다. 저서로는 『논, 아득한 성자』, 『인왕반야경』, 『과거와 대화, 미래의 성찰』, 『헌법스케치』 등이 있다. 한국문인협회 회원, 『한국불교문학』 편집위원, 만해사 상실천연합 상임감사, 한국공무원불자연합회 고문, 한반도미래전략연구소장, 글로벌 문학상 심사위원장·문화예술위원장으로 활동하고 있다.

황다연

1975년 『시조문학』으로 등단하였다. 저서로는 시조집 『생명』 등이 있고, 수필집으로 '현대수필가 100인 선집' 『내면으로의 여행』 등이 있으며, 한국문인협회·한국시조시 인협회·수필부산문학회 회원이다. 조계사동산반야회에 소속되어 무진장대법사 기초 교리를 수강하였고, 이기영 박사가 설립한 한국불교연구원 부산구도회에서 경전 공 부를 하였다.

성민선

서울대학교 사회복지학과를 졸업하고 미국 가톨릭대학교에서 박사학위를 받았다. 2011년까지 성심여대와 가톨릭대 사회복지학과 교수로 재직했다. 2012년에 『한국 산문』에 수필로 등단하였다. 현재 한국산문작가협회, 수필미학작가회 이사, 숙란문인 회, 철수회 회원으로 활동하고 있다. 수필집으로 『징검다리꽃』, 『섬세한 보릿가루처 럼』 등이 있다.

정진원

동국대학교 대학원 불교학과에서 철학박사를, 홍익대학교 대학원 국어국문과에서 문학박사를 받았다. 2015년 「삼국유사의 한국학 콘텐츠 개발 연구」로 문화체육관광부 장관상을, 2019년 저서 『월인석보, 훈민정음에 날개를 달다』로 '올해의 불서' 우수상을 수상했다. 2023년 『문예사조』에서 시 부문 신인상을 받고 등단하였다. 현재 튀르키예 국립에르지예스대학 한국학과 교수로 활동하고 있다.

박순태

영남 알프스 산자락 울산 울주에서 태어났다. 2015년 『동리목월』에서 수필로 등단하였다. 제4회 수필미학문학상, 농어촌문학상을 수상하였다. 수필집 『사이시옷』이 있으며, 현재 울산광고 대표로 있다.

조정은

1996년 『한국수필』로 등단했다. 저서로는 수필집 『그것을 타라』가 있다. 현재 격월간 『에세이스트』 편집장이며 문학평론가로도 활동하고 있다.

백경임

이화여자대학교 가정관리학과, 동국대학교 대학원을 졸업한 후 경희대학교에서 박사과정을 마치고 오리건주립대학교 교환교수를 역임했다. 동국대학교 가정교육과 교수로 재직하다 정년 퇴임했다. 저서로는 『부모가 시작하는 내 아이 성교육』이 있고, 주요 논문으로는 「구체적 조작기 아동의 부처님 개념에 관한 조사연구」, 「불교적 관점에서 본 수태·타태·출생」, 「불타의 재가아동관」 등이 있다.

김산옥

2005년 『현대수필』로 등단하였다. 저서로는 수필집 『하얀 거짓말』, 『비밀 있어요』, 『왈왈』, 선집 『,를 찍으며』, 『늦게 피는 꽃』, 『땅에서 빛나는 달』 등이 있다. 산귀래문학상, 구름카페문학상, 김우종문학상, 일신수필문학상, 청암문학상을 수상하였다. 현재 한국문인협회 회원, 계간 『현대수필』 편집위원으로 활동하고 있다.

이명진

동국대학교 문화예술대학원 문예창작학과에서 석사학위를 받았다. 1997년 『해동문학』에서 수필가로 등단했으며, 2011년 『수필과비평』에서 「법정수필연구」로 평론가로 등단했다. 풀꽃수필문학상, 일신수필문학상, 신곡문학상 본상 등을 수상했다. 현재 『해양문학』, 『수필미학』, 『계간문예』 이사로 활동하고 있다.

김대원

고려대학교 경영학과에 다니다 군에 입대하여 베트남 전쟁에 참전, 군복무를 마쳤다. JC어패럴을 설립해 운영하였다. 『수필과비평』을 통해 수필가로 등단하고, 『월간신문예』를 통해 시인으로 등단했다. 제34회 현대수필문학상, 제20회 수필과비평문학상, 제11회 김우종문학상, 제3회 월파문학상, 제3회 탐미문학상 등을 수상했다. 수필집 『백학산의 가을』, 『먼산에 달이 오르네』, 『한 뼘의 별바라기』 등이 있다. 현재 하전수필문학아카데미 대표강사, 여행작가로 활동하고 있다.